Yo tampoco sé lo que es la productividad

Reflexiones de un Ciudadano

Javier Sánchez Pita

INDICE

Introducción

Hoy en día los medios de comunicación se hartan de hablar de la fortaleza o debilidad de países y empresas. La productividad y la competitividad aparecen en noticias de índole diversa creando opinión sobre la estabilidad de la nación, la solidez de su economía o la confianza que despiertan sus dirigentes. Y son muchas las voces que opinan al respecto.

Sin embargo, para el ciudadano de a pie, resulta tremendamente complicado entender que hay detrás de las noticias y las opiniones, sean de agencias de rating, de dirigentes gubernamentales, de instituciones públicas o privadas de reconocida reputación, de periodistas o, simplemente, de ciudadanos anónimos que hacen escuchar su voz a través de las redes sociales.

En este maremágnum de información resulta difícil discernir entre aquellas afirmaciones que gozan de cierta base y fundamento y aquellas que se encuentran mediatizadas por intereses políticos, organizacionales o particulares.

Sí parece claro que la productividad y la competitividad resultan relevantes, de forma directa o indirecta, en nuestro modo de vida, pues de ellas parecen depender cosas tan importantes como el tipo de trabajo al que podemos acceder o el nivel salarial al que podemos aspirar. Sin embargo, si nos lanzamos a la tarea de entender estos conceptos, aún tras leer o escuchar cientos de artículos, noticias o libros al respecto, nos resultaría tremendamente difícil comprender qué significan realmente.

Al empezar a escribir estas líneas me hice a mí mismo esa pregunta: ¿qué es y cómo puede influir en mi vida la productividad? Emprendí entonces la búsqueda de respuestas navegando por el océano de información disponible. Este ensayo es el resultado de esa búsqueda.

A lo largo de las próximas páginas intentaré dar una visión completa e imparcial de mis conclusiones a la vez que hacerlo de una manera sencilla e ilustrada con ejemplos que permitan al lector entender conceptos que, si bien se manejan en los medios de forma cotidiana, no necesariamente están claros.

Así mismo intentaré recoger cómo la cultura, las costumbres, la educación o la forma de vida, pueden impactar significativamente en la productividad y la competitividad; así como las implicaciones que ello conlleva.

En el conocimiento de la voluntad del autor de recoger una visión objetiva, a la vez que sencilla, el lector no debe olvidar que la completa abstracción del entorno, la cultura y la educación resulta imposible. En consecuencia, la visión particular del autor aparece plasmada a lo largo del texto.

Productividad y Competitividad

La competitividad se ha convertido en uno de los parámetros claves a la hora de medir la salud económica de cualquier empresa, institución o país.

Podría definirse como el conjunto de instituciones, políticas y factores, que determinan el nivel de productividad. Es pues una manera de medir la eficiencia de cualquier organización.

Esta definición puede aplicarse tanto en entornos macroeconómicos, por ejemplo, un país, como en entornos microeconómicos, por ejemplo, una empresa. Sin embargo, los factores a tener en cuenta pueden ser muy diferentes en uno y otro caso.

A continuación, analizaremos la competitividad en entornos macroeconómicos en un intento de comprender cómo puede esta verse afectada por las costumbres y la cultura de cada país; no obstante, y con el objeto de facilitar la comprensión, en muchas ocasiones haremos referencia a ejemplos prácticos más propios de entornos empresariales.

No olvidaremos en nuestro análisis que la productividad no es un objetivo sino un medio. Un medio cuya razón de existir debe ser la mejora del estado de bienestar y las condiciones de vida de cada individuo y de la sociedad en general. La mejora de la productividad, en contra de lo que se pudiera pensar, no debería estar reñida con los derechos del individuo. Por el contrario, debe ser una herramienta para el progreso y la mejora de la calidad de vida. Veremos, sin embargo, que en muchas ocasiones los intereses individuales o grupales pueden tergiversar este objetivo en beneficio propio.

La competitividad nos sirve para medir la productividad. Pero ¿qué es la productividad? Podríamos dedicar varias páginas a recoger distintas definiciones de la misma. Sin embargo, nos vamos a quedar con una sencilla: La productividad es la cantidad de bienes o servicios producidos a partir de una cierta cantidad de recursos (trabajadores, materias primas, etc.)

Es importante remarcar que hoy en día, dada la alta oferta existente en cualquier tipo de sector y en cualquier localización geográfica, se puede decir que el éxito de una organización, empresa o país está directamente ligada a su productividad. Más aún en un entorno que es cada vez más global y en el que se compite con empresas o países que pueden estar incluso en nuestras antípodas.

Veámoslo con un ejemplo sencillo. Imaginemos que existen dos empresas que producen barras de pan del mismo tipo. Una de ellas tiene desarrollados unos procesos, dispone de cierta maquinaria y trabajadores más cualificados que la otra. Como consecuencia es capaz de producir, una barra de pan un 10 % más barata que la otra empresa. Si suponemos que la empresa traslada al precio de venta este porcentaje, podríamos suponer que la mayoría de los potenciales compradores, ante idéntico producto (calidad, sabor, cercanía del punto de venta, etc.), se decantarán por aquel que resulta más barato.

Vamos a tomar esta conclusión como cierta partiendo de la base de que éste es un ejemplo sencillo en el que hemos dado por supuesto que el principal motivo de compra es el precio. Indudablemente, en cada mercado y para cada producto puede haber otros motivos de compra tales como calidad (por ejemplo pan de mejor sabor, más crujiente, etc.), distribución (cercanía de la panadería al hogar, localización en zona de paso, etc.), o imagen de marca entre otros. Indudablemente la búsqueda de la diferenciación a través de la innovación más allá del precio debe estar siempre presente. Pero no es éste el objeto de este ejemplo.

A partir de ahí todo el proceso va encadenado; mayores ventas significan mayores ingresos y por tanto más capacidad para adquirir nuevos recursos tales como maquinaria, procesos más eficientes o formación para los trabajadores haciendo que las diferencias con el producto competidor puedan ser aún mayores. E incluso, para ganar la carrera de la innovación al tener más medios para ello.

Cuantos mayores sean los recursos de los que disponemos menos esfuerzo nos costará mejorar nuestra productividad. El crecimiento trae consigo la disponibilidad de recursos. Debemos tener en cuenta, no obstante, que la competitividad no debe centrarse siempre en un elemento (el precio en el ejemplo anterior); las inversiones en eficiencia siempre deben estar orientadas a aquellas facetas en las que queramos diferenciar nuestro producto. Si por ejemplo queremos que nuestro pan sea el de mayor calidad, debemos conseguirlo de la manera más eficiente posible. Debemos tener en cuenta que los clientes pueden estar dispuestos a pagar un plus a cambio de obtener una determinada cualidad del producto; pero siempre hay un límite para ese precio mayor. Debemos, por tanto, optimizar la rentabilidad de nuestras inversiones.

La productividad es un concepto relativo. Somos más o menos productivos según como lo sean nuestros competidores. Y es ahí donde aparece el concepto de competitividad. Seremos más o menos competitivos de acuerdo a cómo resultemos parados en la comparación con nuestros competidores. No podemos medir la competitividad de forma absoluta sino en relación a otros que compitan con nosotros.

Entre los mayores enemigos de la competitividad se encuentran los monopolios y los oligopolios. En aquellos mercados cerrados en los que no es necesario compararse con nadie, porque los clientes son cautivos, no hay motivo alguno para intentar ser mejores o más eficientes. Por tanto, en la mayoría de estos casos la productividad es baja. Este principio, que parece básico, fue sin embargo una de las causas del fracaso de los sistemas comunistas en los años 80 y 90 del siglo XX. El hecho de ser mercados cerrados en los que no había competencia entre empresas del mismo sector – en muchos casos ni siquiera había empresas puesto que era el gobierno el que producía- significaba que la competitividad era baja. Esto llegaba a tener un impacto en la producción tal que, en algunos casos, a pesar de disponer de los medios adecuados, los volúmenes obtenidos no eran suficientes para cubrir la demanda interna. Así mismo, la calidad se deterioraba progresivamente. A principios de los 80, preguntado por la producción de trigo para el año siguiente, un alto cargo del gobierno ruso contestó "la producción de este año será solo un poco peor que la del año pasado, pero mucho mejor que la del año que viene". Un ejemplo claro de lo que estamos intentando reflejar aquí.

En el entorno empresarial podemos encontrar casos similares. Tomemos como ejemplo la telefonía. En la mayoría de los países europeos este servicio comenzó a ser prestado por empresas públicas que no tenían competencia. Cuando a finales del siglo XX el sector se liberalizó y comenzaron a aparecer nuevos competidores, las grandes compañías comenzaron a tener dificultades para ofrecer calidad a precios competitivos. Si bien la experiencia y las infraestructuras de las que disponían supusieron una barrera de entrada durante algunos años, hoy en día vemos que la mayoría de estas compañías – Telefonica, British Telecom, Deutsche Telecom o France Telecom entre otros – tienen problemas para ofrecer un servicio competitivo en sus mercados de origen.
Paradójicamente, en aquellos mercados donde estas mismas compañías no estaban presentes y han comenzado a operar después de la liberalización, es dónde han logrado alcanzar parámetros de competitividad razonables.

De los ejemplos anteriores podemos concluir que siempre es necesario algún factor que nos empuje a buscar la eficiencia, a ser mejores y, por tanto, a aumentar la productividad.

La productividad es pues un concepto relativo. No podemos analizar solamente si nuestra productividad ha aumentado o disminuido, sino que debemos analizar cómo lo ha hecho con relación a la productividad de los demás.

La productividad es tremendamente importante para cualquier nación. En la medida en que un país sea más competitivo que otros, sus empresas podrán ser también más competitivas. En consecuencia, podrán atraer más inversiones extranjeras. La mejora de la productividad pondrá en marcha una cadena: empresas más competitivas generarán más riqueza y crearán más empleo; más empleo y empresas con más beneficios supondrán más ingresos en forma de impuestos para el país. Esos ingresos, deberán ser, para cerrar la cadena, las herramientas a disposición del gobierno de la nación para crear un entorno aún más competitivo.

De hecho, la competitividad no solo facilita el aumento de los impuestos. De igual forma, la riqueza y el empleo sirven para estimular la demanda interna (lo que gastan o consumen los ciudadanos) que favorecerá de nuevo el aumento de las ventas y la generación de más riqueza.

No olvidemos, sin embargo, que esta cadena de crecimiento debe tener un objetivo claro que es redundar en mejorar la calidad de vida de los ciudadanos. De ahí el que sea un medio y no un objetivo.

Resulta cuando menos curioso ver cómo son muchos los gobiernos que no tienen la competitividad en el foco de sus estrategias pues no alcanzan a ver la relación entre la misma y la calidad de vida de la ciudadanía.

En esta espiral en busca de la excelencia relativa en competitividad surge una pregunta de máxima importancia: ¿en qué debe invertir un país para generar un entorno competitivo que redunde en beneficio de las personas?

La respuesta no es fácil. No todas las naciones deben invertir en lo mismo. Son muchos los factores que influyen en la competitividad y no todos los países se encuentran al mismo nivel en cada uno de ellos. Por esta razón cada gobierno debe elegir cuáles son aquellos factores en los que la inversión realizada va a tener un impacto positivo mayor para su caso concreto.

Puesto que los recursos nunca son infinitos, toda organización debe analizar cuál es el retorno que va a obtener de cada inversión realizada, de forma que pueda priorizar aquellas que maximicen la rentabilidad.

Expresándolo con un ejemplo concreto. Imaginemos dos países. El primero de ellos tiene unas infraestructuras modernas que le permiten comunicar dos ciudades por carretera, ferrocarril y avión (dado que suponemos que ambas disponen de aeropuerto). El segundo de ellos, sin embargo, tiene unas infraestructuras más deficientes y solo dispone de una carretera para comunicar dos ciudades de tamaño equivalente. La primera de estas dos naciones tendrá unos requerimientos de mantenimiento mucho más elevados que el segundo para sus infraestructuras. Sin embargo, si realizara la inversión en un nuevo ferrocarril o una nueva carretera, podría ocurrir que éste no tenga un impacto demasiado elevado, comparativamente hablando (probablemente serviría para solucionar problemas de saturación), puesto que cualquiera que quisiera desplazarse de un lugar al otro tendría alternativas suficientes para hacerlo. En el segundo caso, una nueva inversión por ejemplo en un ferrocarril sí que tendría un impacto significativo puesto que supondría, prácticamente, duplicar la capacidad de las infraestructuras ofreciendo más alternativas que probablemente mejorarían los tiempos de transporte, reducirían los costes, etc.

Igual de importante que maximizar la rentabilidad de las inversiones realizadas, que están orientadas a mejorar la productividad, es analizar cuándo se va a producir el retorno de la inversión. En muchas ocasiones puede ser necesario obtener resultados en un periodo de tiempo determinado. La rentabilidad obtenida no tiene por qué ser máxima en ese preciso instante forzándonos a elegir entre maximizar la rentabilidad u obtenerla en el momento más adecuado.

La cultura es un factor importante a la hora de determinar las prioridades desde el punto de vista del momento en el que se obtiene el retorno de la inversión. En las culturas occidentales, más aún en la sociedad globalizada en la que la especulación de los mercados tiene un impacto significativo en las decisiones de países y empresas, se suele dar prioridad a aquellas medidas cuyos resultados se obtienen a corto plazo. No en vano los mercados evalúan a cualquier empresa cada vez que presentan resultados (usualmente una vez al trimestre). De igual forma, cada país es evaluado cada vez que tiene que renovar vencimientos de su deuda. En este entorno resulta complicado realizar inversiones cuyos resultados se obtengan a medio plazo.

Por el contrario, en otras culturas, por ejemplo, las orientales, el tiempo pasa a ser un factor relativo que deja de ser clave a la hora de tomar decisiones.

Resulta obvio que ninguno de los dos extremos es el adecuado. Siempre se debe buscar el equilibrio entre obtener el máximo retorno de la inversión y cuándo obtenerlo. La combinación de ambos criterios debe ser la clave a la hora de priorizar a qué dedicar nuestros recursos.

En el entorno político ocurre algo parecido. La mayoría de los gobiernos prioriza medidas que reporten resultados en el plazo adecuado para maximizar los réditos electorales. Todos hemos sido testigos de cómo en los periodos preelectorales se multiplican las inauguraciones de nuevas infraestructuras como símbolo del trabajo bien hecho en busca del reconocimiento en forma de votos. Sin embargo, pocos se preguntan si realmente lo óptimo hubiera sido terminar un año antes o un año después. O siquiera si esa inversión en esa infraestructura que es inaugurada fue la correcta.

El ego, del que hablaremos más adelante con mucho más detenimiento, es otro de los factores a tener en cuenta a la hora de tomar decisiones. Muchos dirigentes – de gobiernos o empresas – toman decisiones de inversión basadas en el rédito que, para su fama y su reconocimiento, estas van a tener.

Resulta evidente la importancia de que aquellos que asumen cargos públicos de relevancia tengan la ética y la responsabilidad entre los principales elementos de juicio a la hora de tomar decisiones. Solo de esa forma serán capaces de anteponer el beneficio de los ciudadanos o de la empresa a los intereses propios o a los de su partido político u organización.

A lo largo de este ensayo hablaremos ampliamente de la educación que es, sin duda, uno de los factores fundamentales a la hora de fomentar este tipo de valores.

El Foro Económico Mundial realiza anualmente un estudio exhaustivo (Informe Global de Competitividad) en el que analiza distintos factores que influyen en la competitividad de cada nación traduciendo los mismos en una serie de índices. Este análisis es utilizado mundialmente como referencia de la competitividad, y, por ende, de la productividad, de cada país.

En las próximas páginas vamos a analizar las razones por las que son importantes distintos factores que, en su mayoría, son medidos en este informe. Hablaremos también de la relevancia de cada uno de ellos y de cómo ésta puede ser medida. Igualmente intentaremos entender el impacto que sobre los mismos tienen la cultura y las costumbres.

La Medida de la Competitividad

Si bien no es el único, el estudio anual que realiza el Foro Económico Mundial, cuya edición 2020 puede descargarse en el siguiente enlace: WEF_TheGlobalCompetitivenessReport2020.pdf (weforum.org), es el más completo de este tipo. Para su elaboración cuenta con la colaboración de prestigiosas escuelas de negocios en distintos países del mundo. Aún sin ser un documento oficial cuenta con el suficiente reconocimiento internacional como para ser tomado como referencia y ser comúnmente aceptado a la hora de establecer comparativas y valoraciones. Por ejemplo, cuando escuchamos en las noticias que en 2018 España ha retrocedido 2 puestos en la clasificación de competitividad desde el 34 hasta el 32, se hace referencia a la clasificación definida en este estudio.

El análisis intenta tener una cobertura mundial. En 2019, por ejemplo, se consideraron en el estudio 141 países. La amplitud de su cobertura hacer que sean pocas las naciones no cubiertas en el estudio.

En 2005 el análisis pasó a ser realizado basándose en un índice llamado Global Competitiveness Index (GCI) que mide elementos microeconómicos y macroeconómicos de cada una de las economías nacionales.

El hecho de mantener un sistema de medida de este tipo facilita la comparativa interanual.

Así mismo, la aplicación de los mismos baremos en todos los casos permite establecer una comparativa entre países dentro de un mismo año. Este punto es relevante puesto que nos permite evaluar la evolución de la competitividad de forma relativa. Esto es, la variación absoluta deja de ser importante en favor de cómo ha variado el GCI en comparación con cómo lo ha hecho en otros países.

Por ejemplo, un país puede haber incrementado su competitividad absoluta en 10 puntos. Sin embargo, si sus competidores lo han hecho en 15 puntos, su competitividad relativa habrá bajado y por tanto obtendrá una peor posición en la clasificación.

Si tomamos como ejemplo el impacto de la pandemia ocurrida durante 2020, es de esperar que los valores absolutos se hayan visto impactados y por tanto esperamos un descenso de éstos. Sin embargo, no todos las naciones han afrontado la crisis de la misma forma. Esto conlleva variaciones distintas. Por lo que si comparáramos dos países, aún pudiendo ver descensos en ambos, seguramente uno ha respondido de mejor forma que el otro mejorando su posición relativa.

El GCI mide el peso de distintos elementos agrupados en 12 pilares que, a partir de 103 indicadores, determinan la competitividad de cada nación lo que, a la postre, deriva en su nivel de crecimiento. Los distintos elementos tienen un peso diferente según su nivel de importancia. De igual forma este peso varía según el tipo de economía. Estos niveles de importancia han sido definidos de acuerdo al criterio de los creadores de este estudio.

Volviendo al ejemplo del capítulo anterior, el impacto de las inversiones en infraestructuras de transportes será mayor en una economía emergente que en un país desarrollado donde, por ejemplo, ganará relevancia la inversión en desarrollo de nuevas tecnologías.

En 2018, el estudio sufrió una evolución en la metodología usada en el análisis para adaptarse a los retos de la sociedad y la economía en esta segunda década del siglo XXI. Desde entonces, los pilares se han agrupado en cuatro grupos principales:

- Parámetros facilitadores del entorno:
    - Instituciones
    - Infraestructura
    - Acceso/Adopción a Tecnologías de la Información
    - Entorno Macro-Económico
- Capital Humano:
    - Salud
    - Habilidades
- Mercados:
    - Mercado de la producción
    - Mercado Laboral
    - Sistemas de Financiación
    - Tamaño del Mercado
- Ecosistema de la innovación:
    - Dinamismo de los Negocios
    - Capacidad de Innovación

Desde la introducción de estos cambios en 2018, el análisis se ha centrado, curiosamente, más en la capacidad de mejora de cada país que en cómo compara con sus competidores.

No se trata de contradecir lo expuesto hasta ahora puesto que, a fin de cuentas, siempre vamos a ser comparados con los competidores y, si éstos nos aventajan, nuestras industria y economía y nuestra calidad de vida se van a ver impactadas. Pero si es cierto que la mejora de la competitividad depende en gran medida del foco, el esfuerzo y la voluntad que se pongan en dicha mejora. Una visión centrada en la comparación podría llevarnos a una actitud victimista en la que culpamos al entorno y los competidores de nuestros problemas. La mejora va a estar siempre en nuestras manos.

Del mismo modo, el análisis hace énfasis en que las agendas económica, social y de medio ambiente no pueden ser perseguidas de forma independiente. Por el contrario, es necesario impulsar una agenda única que tenga en cuenta todos esos factores. El estudio evidencia la relación directa entre la mejora de la prosperidad y la sostenibilidad medioambiental con la mejora de la competitividad. Y es por ello que desde el año 2018, con su versión 4.0, el índice incorpora muchos parámetros que van más allá de medir la pura productividad.

En los siguientes apartados vamos a ver la relevancia de distintos parámetros, la mayoría de ellos, recogidos en los pilares anteriores, entendiendo el porqué de su impacto sobre la productividad. Si bien muchos de ellos están relacionados entre sí, y haremos referencia a estas interrelaciones, el análisis está estructurado para cada parámetro de forma individual.

Así mismo dedicaremos especial atención a la importancia que tiene la cultura y las costumbres en cada uno de ellos.

Las Instituciones

En este apartado se recoge el entorno legal y administrativo en el que las personas, las empresas y el gobierno se relacionan para generar riqueza.

Son muchos los elementos que conforman este pilar incluyendo el entorno legal para la protección de la propiedad intelectual, la independencia y eficiencia de la justicia, la seguridad, la ética, la transparencia y el nivel de corrupción, y la eficiencia de las instituciones públicas y la orientación hacia el futuro de las políticas gubernamentales.

Garantizar la protección de la propiedad intelectual es un elemento clave a la hora de fomentar las inversiones internacionales en un país. No son muchas las personas que puedan asegurar que nunca han violado la propiedad intelectual.

El ejemplo más claro está en los contenidos digitales (películas, música, etc.). La protección de la propiedad va mucho más allá de los contenidos. Sin embargo éstos son uno de los ejemplos más relevantes. La mayoría de la población no es crítica con este tipo de vulneraciones y se tienden a buscar razones que justifiquen el porqué de la infracción; muchas veces habremos oído, por ejemplo, que el precio de los contenidos es demasiado elevado porque son muchos los que se enriquecen con ello y que por eso el pirateo está justificado.

Más allá de razonamientos como este la realidad es que el beneficio económico, la facilidad para cometer el delito y la aparente impunidad relajan los reparos éticos y morales facilitando este tipo de delincuencia.

El mercado de los contenidos ha sabido reinventarse para adaptarse a la demanda de los usuarios haciendo uso de la innovación, de la que hablaremos más adelante. Sin embargo no siempre es posible que los cambios en el mercado y la industria se conviertan en una herramienta de protección de la propiedad intelectual.

En este documento no vamos a entrar a analizar el mercado de los contenidos, el impacto de la piratería sobre el o los potenciales beneficios que esta pueda traer en su difusión. Sin embargo hemos querido hablar de ella para reflejar como las circunstancias, más allá de la cultura o costumbres, pueden favorecer una postura condescendiente con este tipo de delitos. Esto es especialmente relevante porque puede extenderse de forma que acabe viéndose con buenos ojos la vulneración de cualquier tipo de propiedad intelectual lo que sería claramente un lastre para la innovación y la creatividad.

La innovación y el desarrollo, junto con la creatividad, son los motores que generan nuevos productos, nuevas industrias y nuevos mercados. Son la base en la que muchas empresas confían para lograr ventajas competitivas.

Entendamos que esto puede aplicarse no sólo a nuevas tecnologías sino también a nuevos métodos de fabricación o nuevas metodologías de operación.

Imaginemos una empresa dedicada a la reparación de calderas. Con el objeto de mejorar su eficiencia, esta empresa invierte durante un año en analizar sus procesos de trabajo, identificar sus debilidades y desarrollar una nueva metodología que permita reducir el tiempo de reparación. Supongamos que para implantar esta metodología sea necesario el uso de determinado tipo de herramientas o sistemas que están disponibles en el mercado para cualquiera que quiera adquirirlos. Sin embargo, solo como consecuencia de la inversión en un equipo de trabajo que desarrolle el nuevo modelo se ha podido reducir el tiempo de reparación. ¿Es justo que esta empresa pueda proteger su nueva metodología, fruto de su inversión y evitar así que otros competidores se beneficien de ella ya que no han realizado inversión alguna?

El caso anterior resulta controvertido puesto que nos podemos preguntar hasta qué punto puede estar sujeta esta metodología a ser protegida. Sin embargo resulta evidente que si esta empresa ha innovado en la manera de hacer las cosas, de una forma u otra debería ver protegido el resultado de su esfuerzo.

Es de reseñar que, si bien cuando escuchamos la palabra piratería tendemos a pensar en la copia o descarga ilegal de contenidos, esta alcanza ámbitos mucho más amplios como se refleja en el ejemplo de los métodos de producción descrito anteriormente.

La regulación de cada país es distinta y protege en mayor o menor nivel la propiedad intelectual.

Esta legislación se convierte por tanto en un elemento a tener en cuenta por las empresas a la hora de evaluar la conveniencia de invertir en un país. ¿Qué sentido puede tener para una determinada compañía invertir en capacidad productiva, una fábrica por ejemplo, en un país, por bajos que sean allí los costes, si la regulación de la protección de la propiedad intelectual no es la adecuada y puede ver sus productos y medios de fabricación copiados?

La oficina del "United States Trade Representative", que es el asesor del Presidente de Estados Unidos para comercio exterior, elabora todos los años el Informe Especial 301 que está destinado a evaluar las políticas en materia de protección de derechos de propiedad intelectual en 90 países. Como resultado de este informe se elabora una lista negra para proteger su industria. Dado el papel de Estados Unidos como baluarte de la protección de la propiedad intelectual y las iniciativas que en este sentido llevan a cabo a nivel mundial, este informe se ha convertido en referencia en este ámbito. En él se destaca la falsificación y la piratería digital como las grandes amenazas para la innovación y la creatividad y requiere medidas más contundentes y efectivas para frenar la importación, exportación y tránsito de estos productos. Según este informe los países peor posicionados actualmente son Argelia, Argentina, Chile, China, India, Indonesia, Kuwait, Rusia, Arabia Saudi, Ucrania y Venezuela (en orden alfabético) con especial foco desde 2019 en China e India.

De igual forma, la World Intellectual Property Organization (WIPO), elabora el informe: "World intelectual Property Indicators" que proporciona numerosos indicadores sobre varios ámbitos de la propiedad intelectual: patentes, modelos de utilidad, marcas, diseños industriales, etc., basándose en los datos de las oficinas de Propiedad Intelectual nacionales y regionales de la organización, del Banco Mundial y de la Unesco.

Este informe resulta de especial interés a la hora de analizar tendencias si bien el primero es considerado más relevante a la hora de evaluar la idoneidad de un país para invertir en él.

El instinto pirata es algo que todos llevamos, en mayor o menor medida, en nuestros genes. ¿Quién no ha escuchado música descargada ilícitamente alguna vez? Más aún ¿quién puede asegurar que ha pagado las licencias correspondientes de todos los programas instalados en su ordenador?

Uno de los factores que determinan el nivel de complicidad o condescendencia con las actitudes delictivas en materia de propiedad intelectual es la cultura de cada país y el valor que según esta se da a la propiedad intelectual. Un vistazo a las estadísticas refleja perfectamente este punto; mientras que el porcentaje de la población que accede a sitios de internet fraudulentos para con la propiedad intelectual está en el entorno del 20% en media en países de Europa y Norte América, esta cifra asciende por encima del 90% en China. (Informe Anual DGR de la International Federation of the Phonographic Industry)

Resulta determinante la visión que se tiene de la propiedad intelectual en una cultura y en otra. Mientras que en occidente existe el común entendimiento de que cuando alguien desarrolla un nuevo producto o solución debe reconocerse el mérito protegiendo la propiedad intelectual del mismo y garantizando que este se beneficie de los réditos que su descubrimiento ha traído, en algunas culturas orientales se considera que este reconocimiento viene a través de la copia. Es decir, si eres capaz de hacer algo que es bueno para la sociedad el mejor reconocimiento que puedes tener es que ese producto o solución se copie y sea ampliamente usado por todos. No se le da pues ese valor de respeto a los derechos potencialmente adquiridos.

Esta diferencia a priori cultural tiene sin embargo dos razones bien distintas de ser. La primera de ellas radica en el hecho de que China haya sido tradicionalmente un país comunista en el que lo económico carece de la relevancia que sí tiene en el mundo occidental. Esto se refleja en distintas costumbres de la vida cotidiana en China donde, por ejemplo, nos podemos encontrar un autobús que no sale a la hora fijada sino en el momento en que se llena de pasajeros, síntoma indiscutible del poco valor que se le da al tiempo y a la rentabilidad de la ruta pudiendo estar el autobús parado durante horas.

Con la irrupción de costumbres occidentales en las grandes ciudades Chinas (Beijing, Shanghai, etc.), esta concepción va poco a poco cambiando. Hoy en día son cada vez más los lugares en los que vemos esa transformación. No obstante, la tradición cultural confucionista hace que sea necesario aún bastante tiempo para una transformación global; más aún cuando no se produce a la misma velocidad en todos los lugares del país. No podemos además olvidar, la combinación con los principios de la estratagema de "El Arte de la Guerra", tan embebidos en la propia cultura china que pueden conducir a un uso fraudulento.

La segunda razón radica en la legislación. El hecho de que un país apueste por la protección de la propiedad intelectual supone en sí mismo un factor de concienciación. A su vez, la legislación punitiva con las acciones delictivas contra la propiedad intelectual dificulta el acceso a los contenidos de forma ilegal lo que en muchas ocasiones evita el delito. Aunque no muy reciente, un buen ejemplo fue la entrada en vigor en el año 2009 en Suecia de la Ley Contra la Piratería Cibernética. Esto supuso una caída de las descargas ilegales de artistas suecos en un 80%, cifra que vino acompañada de una caída del tráfico cercana al 30% y un incremento de las ventas de música online del 57% en tan solo 6 meses. Y todo ello en una nación en la que el partido Pirata tenía representación en el parlamento. Estas cifras son lo suficientemente contundentes como para concluir la relevancia de la legislación a la hora de proteger la propiedad intelectual.

Si realizamos un análisis comparativo entre los países del norte y del sur de Europa, podríamos llegar a la conclusión de que el carácter latino de los segundos es la causa que justifica los mayores ratios de acceso a contenido ilegal. Sin embargo, el análisis de los datos anteriores nos permite afirmar que esta sería una conclusión errónea puesto que es la legislación la que realmente marca la diferencia en países de un entorno cercano en que se han salvado las grandes barreras culturales como las que puede haber con otros como el caso de China anteriormente comentado.

Después de todo, ¿Quién piensa, por ejemplo, que puede tener que pagar una multa por acceder ilícitamente online a una película de estreno?

Siguiendo con los parámetros claves a la hora de evaluar el pilar de las instituciones, varios de ellos se encuentran en torno a la seguridad: costes del terrorismo, costes del crimen y la violencia, crimen organizado y fiabilidad de los servicios policiales.

Resulta más o menos obvio que en aquellos países en que la violencia o el terrorismo se encuentran generalizados aparecen dudas en los inversores que de otro modo se establecerían allí, bien con objeto de hacer crecer el negocio, bien con objeto de construir centros productivos. Los inversores buscan ante todo seguridad. El principio de cualquier negocio radica en centrarse en aquello que se sabe hacer. El famoso "zapatero a tus zapatos". Es por ello que ningún inversor quiere verse obligado a destinar recursos a garantizar la seguridad de su negocio o a ver toda su inversión en riesgo como consecuencia de actos terroristas.

Sin embargo, mucho menos obvio es el impacto del crimen organizado. No resulta tan fácil medir el impacto que en la economía pueden tener hechos delictivos como el tráfico de drogas, armas o personas. En muchos casos se podría llegar a pensar que este tipo de actividades se desarrollan paralelamente a las actividades económicas legítimas tradicionales y sin impacto sobre ellas. Nada más lejos de lo contrario.

La estimación de este impacto resulta enormemente complicada si tenemos en cuenta que al realizarse las actividades de forma ilícita, no hay datos o informes que puedan servirnos de base. Así mismo no existen estudios fiables al respecto.

La mayoría de estas actividades tienen un coste social y personal mayor incluso que el coste económico. Dada la índole de este documento, solo hablaremos de este último punto.

El primer paso para hacer una estimación de este tipo sería entender cuáles son las actividades dentro del ámbito del crimen organizado. Estas serían: contrabando de personas, tráfico de personas, tráfico de drogas, tráfico de armas, tráfico de alcohol, tabaco y petróleo y evasión de impuestos.

El contrabando de personas consiste en introducir individuos de forma ilegal en un país. Este es un problema al que se enfrentan a diario países como Estados Unidos, que ven como las mafias llevan inmigrantes ilegales desde Sudamérica o como los miembros de la Unión Europea, especialmente sus países periféricos, que sufren la inmigración ilegal desde África y desde los países del Este y, más recientemente, desde zonas conflictivas de Oriente Medio.

El coste económico de esta actividad es claro. Por un lado, la inmigración ilegal supone mayor coste para los servicios sociales del país que ven incrementada la población a atender. Estos servicios comprenden desde la sanidad y la educación hasta los costes judiciales y de atención de los distintos ministerios. Por otro lado, favorece la contratación ilegal que supone una pérdida de ingresos para el estado. Este punto es especialmente crítico porque más allá de no disponer de estos recursos, supone un desequilibrio económico para determinadas actividades entre aquellas empresas - posiblemente parte del entramado del crimen organizado - que se aprovechan de la inmigración ilegal para hacer contrataciones sin pagar impuestos y aquellas otras que desarrollan su actividad dentro de la legalidad vigente.

Esto es especialmente relevante en aquellos países en que la carga fiscal es mayor puesto que mayor será también el impacto en la capacidad competitiva.

Existen distintas formas para combatir este problema. En primer lugar se encuentra la más lógica que radica en el esfuerzo policial y judicial. Sin embargo, es evidente que no se disponen de recursos infinitos que se puedan dedicar a prevenir estas actividades. En segundo lugar y quizás más importantes, son las medidas que se tomen orientadas a incentivar la contratación legal y penalizar los casos ilegales así como medios de control que hagan que el potencial ahorro que una compañía obtenga por esta vía ilegal no sea lo suficientemente relevante como para compensar el riesgo asumido.

El tráfico de personas consiste en la manipulación de las personas con falsas promesas hacia la emigración y su posterior coacción hacia actividades delictivas, generalmente contra su voluntad, incluyendo, por ejemplo, la prostitución.

Si bien el impacto social de esta actividad es quizás el más alto de todas las actividades antes comentadas, el impacto económico parece ser, a priori, menor. Este viene de la mano de la pérdida de poder adquisitivo de las personas que acuden a este tipo de servicios. Entendámoslo con un ejemplo. Uno de los principales motores de crecimiento económico de cualquier nación viene dado por la demanda interna, es decir, la capacidad de compra de sus ciudadanos. El dinero que cada uno de los ciudadanos gasta significa mayor nivel de ventas para las empresas, lo que genera crecimiento y empleos, a la vez que mayores ingresos para el estado en forma de impuestos. Aquello que se invierte en actividades ilícitas ni contribuye al crecimiento económico ni contribuye a las arcas del estado impactando seriamente en la competitividad.

Como referencia, un estudio de Médicos del Mundo cifra que el 75% de la prostitución en Europa es desempeñado por inmigrantes. Se estima además que más de un 60% de esta se encuentra en situación ilegal.

En 2009 la Unión Europea impulsó un cambio en los presupuestos de sus estados miembros con objeto de tener en cuenta en la medida del PIB el impacto de esta actividad. Si bien no hay una cifra clara, un estudio realizado en 2001 en Holanda estimó este valor en el entorno de los 2000 M€ anuales. Extrapolando este análisis a un país de mayor tamaño como España podríamos alcanzar una cifra en el entorno de los 7000 M€. El valor para la Europa de los 25 superaría los 100.000 M€. Sin ser exhaustivos en el análisis, esto supone unas pérdidas de ingresos fiscales superiores a los 20.000 M€ anuales. Por tener una referencia que nos permita evaluar esta cifra en su justa medida, el rescate que fue necesario en 2011 para Portugal ascendió a los 78.000 M€.

El tráfico de alcohol, tabaco y petróleo redunda en el efecto de actividades anteriores. De hecho, el impacto resulta mayor especialmente en la recolección de impuestos puesto que estos suelen ser más altos en estos productos.

España es uno de los países donde más impacto tiene este tipo de contrabando dada la proximidad con África y los distintos medios de acceso al país. En 1993 y como consecuencia de la crisis económica el mercado de tabaco de contrabando alcanzó el 23% del mercado total suponiendo una merma de 2000 M€ en los ingresos del estado en forma de impuestos. Si bien esta cifra se ha reducido significativamente en los últimos años, la crisis de la última década que afectó a los países del sur de Europa ha traído un repunte alcanzándose en algunos casos cifras cercanas al 10% del mercado.

La crisis trajo consigo un aumento de impuestos generalizado en un entorno económico en el que los consumidores han perdido poder adquisitivo. Esta combinación de factores supone en la práctica un aumento del tráfico ilegal. Es relevante reflexionar sobre la conveniencia de elevar los impuestos de este tipo de productos porque puede derivar en un aumento del tráfico ilegal que puede terminar en una disminución de los ingresos.

Finalmente, otras actividades como el tráfico de drogas o el tráfico de armas tienen un grave impacto en países en los que pueden llegar a afectar a su estabilidad económica y política, principalmente aquellos en los que se encuentran en desarrollo los factores básicos.

Culturalmente existen dos tipos de reacciones ante el crimen organizado. Por un lado está el miedo por su vinculación al peligro para el ciudadano medio. Por otro, sin embargo, en algunos círculos sociales se favorece la picaresca de forma que las actividades relacionadas con el menudeo se ven como una fuente de ingresos adicionales que refuerzan las estructuras de tráfico de tabaco o alcohol. Volviendo a nuestro ejemplo de antes en el sur de España, el mercado de tabaco ilegal supone prácticamente el 20%, más del doble de la media del país.

Acabar con el crimen organizado resulta prácticamente imposible dado el poder económico alcanzado por estas organizaciones que se extienden por diferentes sectores, áreas, e instituciones. Sin embargo de nuevo la justicia y la legislación son elementos clave a la hora de prevenir este tipo de delitos. La primera persiguiendo estas actividades delictivas y las segundas proveyendo de las leyes adecuadas para proteger a los ciudadanos.

La legislación cobra especial relevancia a la hora de prevenir el menudeo, actividad que ayuda a sustentar el crimen organizado.

Las sanciones aplicables a este tipo de actividades no son en muchos casos lo suficientemente contundentes como para evitar que determinados sectores de la población acaben dedicados a ellas con cierta impunidad. Esta situación crea el caldo de cultivo necesario para que algunas minorías acaben absorbidas por este entorno creando guetos.

Este punto suele ser causa de discusión. Por un lado se encuentran aquellos que abogan por penas livianas para delitos menores. Entre los argumentos usados para defender esta posición se encuentra el derecho a la reinserción y a las segundas oportunidades. Por otro lado se encuentran aquellos que defienden penas más severas como medida de persuasión argumentando que estas sirven como prevención; no compensaría, en este caso, la comisión del delito.

Los países anglosajones suelen tener legislaciones más duras con los delitos menores mientras que en el resto de países de Europa estas son más livianas.

La siguiente tabla muestra como ejemplo la evolución de los días de cárcel impuestos como pena por cada 100.000 € de robo en varios países a lo largo del tiempo:

Año	Francia	Alemania	Italia	Reino Unido	Estados Unidos
1996	89	87	85	106	618
1997	88	90	88	118	648
1998	86	97	86	125	669
1999	86	98	92	123	691
2000	82	97	96	125	684
2001	79	96	99	127	685
2002	90	91	98	135	701
2003	96	99	98	140	712

En este periodo de tiempo la tasa de delitos dentro de este marco se redujo en Estados Unidos en más de un 7% mientras que en Europa se incrementó por encima de un 10%.

Existen múltiples factores en cada país que influyen en los índices de criminalidad como para poder concluir que la variación tiene una relación directamente proporcional con la pena aplicada.

Por nuestra parte podemos afirmar que se deben tener en cuenta todos los factores sociales y coyunturales que influyen en los índices delictivos a la hora de definir las penas de forma que este tipo de actividad delictiva que contribuye al sustento del crimen organizado se pueda contener en los menores rangos posibles.

No podemos olvidar que la educación juega un papel fundamental a la hora de prevenir este tipo de actividades. Desde aquel que se beneficia de ingresos extras por tareas menores en el contrabando hasta aquel otro que accede a la prostitución sin mirar quién está detrás de la organización que provee el servicio, todos podemos contribuir en mayor o menor parte al crimen organizado. La educación clara en valores que identifiquen como delictivas e inadecuadas este tipo de actividades es crítica, especialmente en sectores de la población en los que, por su peor situación económica o por su cercanía a áreas dónde se den este tipo de actividades, puedan ser éstas vistas con mayor condescendencia. Más adelante hablaremos en detalle de la educación como uno de los pilares fundamentales de la competitividad.

El tercer factor clave dentro del primer pilar es la independencia y eficiencia de la justicia. Uno de los elementos básicos de cualquier democracia, la separación de los tres poderes, se convierte también en factor relevante a la hora de medir la competitividad de un país.

La influencia de la justicia sobre la economía se podría dividir en según si afecta a las actividades económicas o a las instituciones.

Por un lado, la existencia de leyes concretas que faciliten los procesos de cobro, defensa de la propiedad y, en general, resolución de cualquier proceso de disputa en el ámbito de las relaciones contractuales, favorece la mejora de la competitividad. La garantía de que existe un sistema al que recurrir, que sea imparcial y gobernado por reglas justas e iguales para todos en caso de incumplimiento por alguna de las partes, es clave la hora de mejorar la productividad.

Así mismo este sistema debe poder ser accesible por parte de todos a un coste asequible. De nada sirve que exista un sistema judicial adecuado si este tiene un coste elevado. Esto perjudica, no ya solo al ciudadano que en muchos casos queda indefenso, sino también a las empresas que deben asumir mayores costes en este campo y especialmente a los emprendedores y pequeñas empresas que no disponen del músculo financiero de las grandes corporaciones.

Finalmente, la justicia debe ser eficiente y capaz de dar respuesta a las necesidades de aquellos que recurren a ella en un tiempo razonable. Un litigio para una pequeña o mediana empresa puede suponer la quiebra si la justicia no es lo suficientemente rápida. Veámoslo con un ejemplo; imaginemos una empresa que recibe un impago en un contrato que supone un porcentaje relevante de su facturación (algo habitual cuando la empresa es pequeña o está empezando) Durante el proceso judicial se demuestra que esta compañía está en su derecho de recibir este pago y que el pagador tiene los recursos, aunque sea en forma de activos, para hacerlo. Sin embargo, si este proceso se prolonga, la empresa verá como el pago se retrasa por tiempo indefinido teniendo que hacer frente a los costes de su actividad. Como consecuencia, podría verse en la necesidad de cerrar. Uno o dos años después, de nada serviría la resolución dándoles la razón puesto que no habría ya a quién pagar.

Por otro lado, la justicia debe garantizar el correcto funcionamiento de las instituciones. Muy ligado al siguiente punto clave de este pilar, la ética y el nivel de corrupción, la justicia debe garantizar la defensa del ciudadano frente a la corruptela de las instituciones públicas. La corrupción se traduce directamente en el desvío de recursos que deberían invertirse en la sociedad, bien sea en beneficios sociales (sanidad, educación) o en medios que faciliten el desarrollo económico.

Aunque se pueda pensar que en economías desarrolladas la corrupción no es tan relevante y puede incluso considerarse residual, la realidad es que tiene un impacto muy significativo. Como referencia, podemos decir que el fondo económico internacional estima que la corrupción tiene un impacto de 60.000 millones de euros en España. Si lo comparamos con el total del producto interior bruto, que en el cuarto trimestre de 2020 se situó por encima de los 283.000

millones de euros, nos damos cuenta de que la cifra no es nada desdeñable.

Las dos posibles derivadas de este mal son el aumento de la deuda para cubrir los fondos desviados y la reducción de la inversión del Estado. En cualquiera de los dos casos se menoscaba la capacidad productiva y por ende la competitividad de un país y sus empresas. Veámoslo con un ejemplo. Una de las principales áreas de inversión de cualquier gobierno es la investigación y el desarrollo que deben soportar la creación de empresas competitivas en áreas nuevas. Si el presupuesto dedicado por el gobierno a I+D se ve mermado por desvíos de fondos por intereses personales de los funcionaros encargados de gestionar este presupuesto la capacidad de generación de nuevas ideas del país y, por ende, su competitividad, se ven directamente afectadas. La justicia, entre otros, debe garantizar el correcto funcionamiento de la administración pública en situaciones como esta.

Este correcto funcionamiento debe venir de la mano de una labor conjunta de concienciación (formación, educación, etc.) y la garantía de la devolución de lo robado. Es decir, si por desviar, por ejemplo, 2 M€ en el ejemplo anterior mediante un entramado empresarial, los condenados pueden acabar con una pena no demasiado elevada y sin devolver los fondos robados, quizás la justicia no sea suficientemente efectiva.

¿Si por robar 2 M€ pudiera cumplir 2 o 3 años de cárcel y evitar tener que devolverlos, estaría usted dispuesto a asumir el riesgo? La respuesta no resulta evidente pero seguramente son muchos los que estarían dispuestos a hacerlo. Sin embargo, si la pena fuera superior y estuviera condicionada por la devolución del capital robado, seguramente serían muchos menos los que se inclinarían a cometer el delito.

La ética, muy ligada a la corrupción, debe venir de la mano del sistema educativo que debe reforzar los valores de convivencia en sociedad y dar visibilidad de las implicaciones que tienen los actos delictivos, especialmente de aquellos cuyo trabajo sirve al resto de la sociedad. Siendo la educación otro de los pilares a la hora de medir la competitividad; hablaremos de ella más adelante.

Resulta complicado establecer una relación entre la corrupción y la cultura. ¿Depende realmente el nivel de corrupción de la cultura y costumbres en cada región o país?

La organización Transparency International (www.transparency.org) realiza periódicamente un análisis recogido en su publicación "Corruption Perception Index" dónde se muestra el siguiente gráfico que refleja el nivel de corrupción por país a nivel mundial:

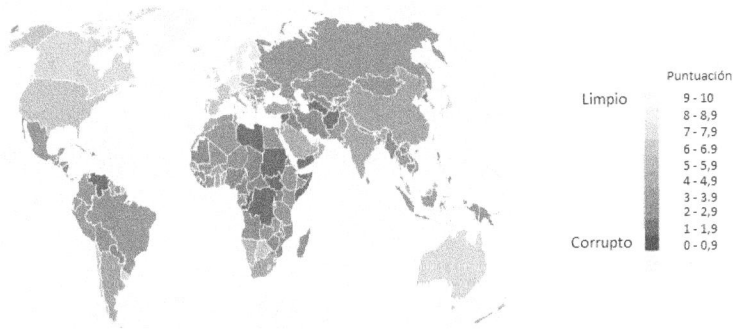

La principal conclusión que obtenemos es que, en términos generales, el nivel de corrupción es inversamente proporcional al nivel de desarrollo. Los países occidentales en los que el desarrollo económico y social es mayor se encuentran entre los menos corruptos. Esto se debe a varios factores. Por un lado la mayor renta per cápita limita el número de acciones delictivas de menor envergadura al no compensar estas al infractor. Por otro lado el mayor presupuesto del que disponen esos gobiernos facilita las inversiones en prevención y control. Finalmente la globalización de las economías y su dependencia de los entornos internacionales limita los grados de libertad minimizando las posibles infracciones (por ejemplo, en la Unión Europea muchas actividades están reguladas por instituciones de la Unión de forma que un funcionario que quiera realizar una infracción no solo tendrá que superar los controles nacionales sino los internacionales dentro de la organización europea)

La educación también juega un papel fundamental a la hora de prevenir la corrupción. Es uno de los principales parámetros a la hora de medir el nivel de desarrollo social de un país. Hablaremos de ello más adelante.

Ejemplos claros de esta conclusión anterior lo podemos ver comparando países como Chile y Argentina o ambas Coreas entre sí. En ambas comparativas países cercanos desde un punto no solo geográfico sino también cultural muestran amplias diferencias en el nivel de corrupción.

No obstante lo anterior, podemos hacer análisis de casos concretos que resultan especialmente interesantes dados los resultados obtenidos.

En primer lugar llama la atención, Estados Unidos, que si bien es un país con uno de los niveles de desarrollo económico más altos y con un sistema educativo considerado de calidad, el nivel de corrupción es algo más elevado de lo esperado.

Suecia y Noruega son casos a destacar puesto que son los países que presentan los menores niveles.

Si comparamos las principales diferencias entre el país americano y los dos europeos, una de las principales características que los diferencia es el sistema contributivo. Mientras que Estados Unidos de América tiene un sistema donde la tasa impositiva es mínima dejando la mayoría de las coberturas sociales en manos de los ciudadanos que deben asumir los gastos de sanidad, educación, etc., tanto Suecia como Noruega se caracterizan por tasas impositivas muy altas que superan en la mayoría de los casos el 50% de los ingresos de sus ciudadanos que, en contrapartida, disponen de servicios sociales amplios y de calidad.

Podríamos extrapolar de esta comparativa que en aquellos países en los que los impuestos son mucho más elevados y las coberturas sociales vienen provistas por el estado, existe una concienciación respecto a los recursos públicos que, en tal caso, son de todos en contra de aquellos sistemas que favorecen el individualismo.

Por otro lado se podría extrapolar que en aquellos lugares con impuestos más elevados y mayores coberturas sociales, no existen barreras de entrada tan grandes. En Estados Unidos, si bien la educación es de calidad, su alto coste hace que esta no siempre sea accesible a todos los ciudadanos con las implicaciones que ello conlleva.

Obviamente, ningún factor es en sí mismo determinante. Veámoslo en el ejemplo anterior. Si el sistema de impuestos y coberturas sociales fuera determinante, deberíamos ver que otros países con sistemas parecidos en Europa deberían tener niveles semejantes a los que presentan Suecia o Noruega. Sin embargo, este no es el caso. Países como Francia, Reino Unido o España presentan niveles de corrupción superiores.

De hecho, se puede observar una tendencia alcista según nos desplazamos de Norte a Sur. Tradicionalmente se ha hablado de la mayor condescendencia de los países mediterráneos y latinos hacia la corrupción. Resulta tremendamente difícil establecer parámetros que nos permitan relacionar la forma de vida en estos lugares con el nivel de corrupción y queda fuera del alcance de este ensayo. Sin embargo parece evidente que estos existen, probablemente relacionados con el clima, las costumbres y, principalmente, la educación.

Un caso que llama especialmente la atención es Italia que presenta niveles de corrupción muy superiores a sus vecinos europeos sin que encontremos en él grandes diferencias con éstos en desarrollo social o económico o en coberturas sociales. Sin embargo es ampliamente conocido que Italia es uno de los lugares del mundo de mayor desarrollo del crimen organizado. Resulta evidente la relación entre crimen organizado y nivel de corrupción de las instituciones.

El siguiente factor clave del primer pilar es la eficiencia de los organismos púbicos. La ineficiencia se traduce siempre en costes para las empresas y para la sociedad. Y como sabemos, los costes impactan directamente en la competitividad. Así pues, una empresa que se encuentre en un país en el que tenga que asumir altos costes burocráticos debido a la ineficiencia de las instituciones, no podrá disponer de ese capital para la producción y por tanto será menos competitiva que otra empresa que se encuentre en otra nación donde la eficiencia de las instituciones sea mayor.

Hagamos un ejemplo comparativo. Pensemos en la declaración de la renta para el pago de los impuestos que todo ciudadano debe hacer anualmente. En muchos casos, dado el interés del gobierno por agilizar el cobro de estos impuestos y prevenir los costes asociados a los errores que se pudieran dar, las instituciones encargadas de la recaudación son extremadamente eficientes y facilitan el proceso a los contribuyentes. Sin embargo, en otros países, se da el caso de que este proceso es complejo y la administración pública no ofrece ayudas para ello. Un ciudadano de un país de este segundo grupo tendrá por tanto que dedicar tiempo y posiblemente dinero al proceso. Puede que tenga que dedicar, por ejemplo, días de vacaciones para realizar la gestión o puede que tenga incluso que contratar a un profesional para que le ayude en el proceso de tributación. Esto indudablemente tiene un coste.

Si extrapolamos esto a una empresa, nos damos cuenta, en primer lugar, de que esta interacciona en muchos más procesos con la administración: proceso de creación de la empresa, proceso de obtención de licencias según la actividad a la que se dedique, proceso de tributación, proceso de declaración del IVA, etc. Por tanto en aquellos casos en que las instituciones no sean eficientes los costes se multiplican.

Existen dos elementos fundamentales a la hora de garantizar la eficiencia de las instituciones. El primero, que puede resultar obvio, es el presupuesto dedicado y el eficiente uso del mismo. Este debe dedicarse de forma racional a dotar a las instituciones del personal adecuado (formación, experiencia, número de funcionarios) y de las herramientas adecuadas (gestión informática, sistemas B2B y B2C...) El segundo, mucho menos obvio, radica en la motivación y actitud de servicio al ciudadano de aquellos que trabajan en estas tareas. En fundamental que las personas que desempeñen este tipo de funciones sean conscientes del impacto que su trabajo puede llegar a tener.

En muchos casos, si bien los procesos de selección de trabajadores públicos garantizan la selección de los perfiles más cualificados y capacitados (normalmente como consecuencia de la alta competencia para acceder a estos), una vez estos han accedido al puesto de trabajo, no existe ningún proceso que mida el desempeño. De esta forma, con el tiempo las instituciones pierden eficiencia y la orientación de servicio al ciudadano. En este sentido resulta recomendable una política de recursos humanos orientada a la consecución de objetivos fácilmente medibles incluyendo, incluso, parte de retribución variable ligada a los mismos.

Sin embargo, la orientación a objetivos no resulta suficiente. Es necesaria además una gestión adecuada del talento que permita desarrollar las capacidades de atención al público así como la concienciación de la importancia de la labor desempeñada.

La consideración de estos parámetros además de los meramente técnicos en los procesos de selección ayuda también a mejorar la eficiencia.

Finalmente un elemento clave en la concienciación es la educación a la que haremos referencia más adelante.

El siguiente y último punto que vamos a tratar para completar este primer pilar es, quizás, el más importante. Se trata de la visión de futuro o la evolución hacia el futuro de las políticas gubernamentales.

Y es el más importante porque la competitividad no es algo del corto plazo. Al contrario; mejorar la competitividad supone la definición de una estrategia y de un plan de acción concreto cuyos resultados se obtienen en el medio y en el largo plazo. Sin embargo, la mayoría de las naciones se encuentran con gobernantes que deben compatibilizar los objetivos estratégicos con sus intereses partidistas y electorales.

Esta compatibilidad no siempre resulta fácil puesto que en ocasiones acciones que redunden en la mejora de la competitividad y, por ende, en la calidad de vida de los ciudadanos, supone un impacto negativo en el corto plazo y por tanto en las posibilidades de ganar la confianza de sus votantes. O simplemente resulta mucho más fácil tomar medidas menos eficientes con respecto a la mejora de la competitividad que sin embargo son más populares o más fáciles de entender por los votantes.

Pongamos un ejemplo. El suministro energético. Indudablemente el desarrollo de una estrategia que favorezca las energías renovables y la sostenibilidad medio-ambiental acaba trayendo beneficios para los ciudadanos. Entornos saludables desde un punto de vista ambiental reducen los gastos globales en sanidad, facilitan el aumento de la esperanza de vida y maximizan el tiempo libre de los ciudadanos. Así mismos ayudan a desarrollar una industria de alto valor añadido que requiere perfiles innovadores y cualificados y, por tanto, mejor remunerados. Sin embargo, no se puede cambiar el entramado de producción energética de un día para otro. Y eso supone que tengan que convivir centrales nuclearles o termoeléctricas con centrales solares, de energía eólica o hidroeléctricas. Estas últimas, mucho más en línea con la sostenibilidad energética.

Si no tenemos un plan claro de transición podemos adoptar medidas que den al traste con el objetivo a largo plazo. Sin embargo, algunas medidas pueden impactar en un encarecimiento en el corto plazo del coste energético. Y si bien la ciudadanía suele tener, especialmente en los países desarrollados, una especial sensibilidad hacia el medio ambiente, no siempre se entiende que medidas tomadas en esta dirección impacten en el precio que se paga mes a mes por el suministro eléctrico. Es por ello que la definición de objetivos claros es imprescindible. Y estos deben no centrarse en aquello que queremos obtener en el medio plazo; sino que también deben tener en cuenta las repercusiones en el corto plazo en la vida de los ciudadanos y buscar la solución óptima que no siempre es la solución más directa.

Ante este potencial conflicto de intereses resulta tentador para un político dar a sus votantes aquello que garantiza los votos en el corto plazo y dejar las decisiones difíciles para más adelante. Después de todo, serán pocos los que sabrán vincular unas decisiones con otras puesto que los medios de comunicación y las redes sociales acabarán centrándose en lo que es noticia hoy, en esta sociedad que es cada vez más cortoplacista.

Hablaremos más adelante de la educación en valores como la mejor herramienta para asegurarnos de que los gobernantes tomen las decisiones correctas. Así como de la educación de los ciudadanos pues esta servirá para que puedan comprender y establecer las relaciones entre unas decisiones y otras para, de esta forma, tener mejor criterio a la hora de juzgar a sus líderes en las urnas.

China ha demostrado su capacidad para poner en marcha planes estratégicos a largo plazo. Son loables sus planes quinquenales que estipulan las prioridades de la nación para los siguientes cinco años. El hecho de no tener que dar explicaciones a sus votantes, puesto que estos no votan, ha facilitado el trabajo hacia esos objetivos estratégicos. El gobierno chino ha sabido compaginar acertadamente estos planes con los intereses particulares de los políticos que encuentran la manera de acomodar sus ambiciones dentro de los planes definidos a nivel de país. De igual forma, el crecimiento continuo durante las últimas décadas ha permitido que la población se beneficie de ello aumentando la riqueza. China ha definido un sistema en el que, de forma ordenada, la ciudadanía progresa mejorando su calidad de vida.

Indudablemente no es oro todo lo que reluce y, como cualquier sistema, es mejorable. No es necesario comentar las lagunas en el ámbito de la protección de los derechos humanos. Pero indudablemente la ciudadanía en China ha mejorado significativamente su calidad de vida. Una mejora que, treinta años atrás, nadie hubiera imaginado que pudiera ser de tal envergadura.

Quiero terminar el apartado sobre este pilar reflexionando sobre cómo ha cambiado la sociedad en los últimos años gracias a la globalización que ha permitido la tecnología, y cómo los distintos sistemas de gobierno se han enfrentado a ello de forma diferente. Por un lado, los gobiernos democráticos de occidente han visto cómo el acceso inmediato a la información y la democratización de las opiniones a través de las redes sociales se han convertido en una potencial amenaza. Hasta hace pocos años bastaba con manejar de forma adecuada la relación con los medios de comunicación para influenciar la opinión pública. La mayor preocupación venía de aquello que los rivales políticos pudieran hacer en esa misma dirección. Sin embargo era un entorno más o menos controlado. Ese modelo ha desaparecido para dar paso a un entorno en el que en cualquier momento y en cualquier lugar puede aparecer una opinión, acertada o no, o una noticia, cierta o no, que, a través de redes sociales o medios de comunicación alternativos se propague como la espuma pudiendo hacer tambalear hasta el más estable de los gobiernos. Incluso los medios de comunicación tradicionales, cada vez más cortos de personal, no en pocas ocasiones se hacen eco de noticias falsas que son dadas por buenas. Más aún cuando dichas noticias u opiniones pueden ser parte de la estrategia de naciones extranjeras que buscan sembrar el desconcierto para ganar en competitividad.

Esto ha supuesto una distracción tremendamente importante para los gobernantes que en muchos casos pierden el foco. Olvidan la importancia de los planes estratégicos que deben redundar en la mejora de la calidad de vida en el medio plazo y dedican sus esfuerzos a apagar los fuegos que van apareciendo cada día. Una acción que se vuelve contraproducente en el medio y largo plazo.

Esta misma amenaza ha afectado a otros países que, como Arabia Saudí o China, por poner un par de ejemplos, no tienen sistemas democráticos y por tanto imponían la voluntad de los gobernantes únicamente en beneficio propio. Sin embargo la reacción en estos casos ha sido muy diferente. Por un lado, el control férreo de los medios de comunicación y del acceso a las nuevas herramientas ha retrasado e impedido una revolución. Por otro, ese mismo control ha permitido que esos gobernantes comprendan que, al ser cuestión de tiempo que sus ciudadanos se unan a esa nueva ola, deben invertir en planes que redunden en la mejora de la calidad de vida de los mismos. Indudablemente la calidad de vida de los ciudadanos de estos países no es la misma que la que disfruta la ciudadanía de los países occidentales. Y es por eso que resulta más fácil que la mejora sea evidente en el corto plazo. Y de igual forma hay mucho más recorrido.

Esto facilita que estas economías estén tomando la delantera y prosperando pues el control del corto plazo les permite pensar mejor en el futuro.

Las Infraestructuras

Bajo este apartado se consideran las infraestructuras disponibles en un país y que facilitan el trabajo de la industria y los servicios que allí se desarrollan. En concreto se consideran las infraestructuras de transporte incluyendo carreteras, ferrocarriles, puertos y aeropuertos y las de energía.

Es indudable la importancia que estos elementos tienen para las empresas a la hora de realizar sus operaciones. La facilidad de acceso a las instalaciones, el transporte de mercancías o la garantía de un suministro eléctrico continuo y de calidad que permita el funcionamiento de la industria sin incidencias son elementos clave que cualquier negocio analiza a la hora de elegir la localización para sus centros de trabajo y, especialmente, sus centros productivos.

En un entorno tan competitivo como es este en el que vivimos, las empresas necesitan dedicar todo su esfuerzo y el 100% de sus recursos a su negocio. No pueden permitirse el lujo de asumir el riesgo de, por ejemplo, ver como la producción de una de sus fábricas se detiene como consecuencia de un corte en el suministro eléctrico.

Es cierto que en algunos casos particulares, y dadas otras ventajas existentes en una determinada zona, (fácil acceso a materias primas, mano de obra barata, etc.) algunas empresas deciden asumir ciertos riesgos y establecerse en países o regiones cuyas infraestructuras se encuentran menos desarrolladas. No obstante, de forma general, cualquier compañía preferirá una localización con unas infraestructuras mínimas de mejor calidad a la hora de elegir la localización de uno de sus centros. Indudablemente la actividad a la que se dedica la empresa influye a la hora de asumir estos riesgos.

Es por ello que las infraestructuras deben ser una de las prioridades del gobierno de cualquier nación.

A la hora de analizar la conveniencia de desarrollar una determinada infraestructura en una localización concreta debemos tener en cuenta que los recursos disponibles para construir nuevas infraestructuras no son infinitos y por tanto debe ser prioritario analizar la idoneidad de cada una de las distintas opciones de manera que se maximice la rentabilidad de aquellas obras que se acometan.

En este caso entendemos rentabilidad como la obtención del máximo provecho por parte de la comunidad de la región, tanto ciudadanos como empresas.

Esta rentabilidad no necesariamente será directa. Por ejemplo, si se realiza una inversión en la construcción de un aeropuerto, no podemos evaluar su rentabilidad en base al balance de las operaciones del aeródromo sino que debemos hacerlo teniendo en cuenta el beneficio que el hecho de disponer de esta nueva infraestructura supondrá en factores tales como nuevas empresas implantadas en la región, crecimiento del volumen de negocio en la zona, mejora de la competitividad de las empresas que se sirven del aeropuerto, incremento del número de turistas, facilidad de desplazamiento para los ciudadanos, etc.

Todos estos parámetros se pueden traducir a un valor económico con cierta exactitud de manera que si extendemos el ámbito del análisis de forma que todos ellos sean considerados, podríamos construir un caso de negocio real con el que analizar la eficiencia y rentabilidad.

Para garantizar que se alcanza esa máxima rentabilidad debemos tener en cuenta dos factores fundamentales que nos van a permitir medir la capacidad competitiva.

En primer lugar resulta imprescindible analizar cuáles son las necesidades reales de la región y el efecto que sobre ellas tendrá la nueva infraestructura. Se deben elegir aquellas cuyo impacto y por tanto retorno de la inversión sea mayor.

Si lo vemos con un ejemplo sencillo, una región costera que dispone de un puerto internacional deberá planificar adecuadamente cuál va a ser el tráfico de mercancías de ese puerto de forma que realice en el las inversiones necesarias. De nada sirve tener las mejores infraestructuras posibles si no existe demanda para ellas. En tal caso, habríamos desaprovechado el músculo económico del que disponemos. Es decir, de nada sirve invertir en 100 puntos de descarga de buques si el tráfico del puerto nunca supera los 20 barcos. Es preferible un plan ordenado a lo largo de los años que permita que el crecimiento en infraestructuras acompañe el crecimiento del tráfico marítimo.

De igual forma, infraestructuras deficientes ahuyentarán las inversiones pues las empresas de la región se verán incapaces de realizar sus actividades sin los medios adecuados.

Veámoslo con otro ejemplo. Un determinado municipio decide realizar una inversión en un polígono industrial. Indudablemente, esta inversión en sí misma no va a triplicar el número de empresas que allí se establezcan. Será necesario realizar un análisis detallado de qué sectores son aquellos más favorecidos por este tipo de infraestructura en la región, cual es el negocio esperado y por tanto su crecimiento, cual es la competencia de otras regiones y el nivel de competitividad, de las mismas y finalmente analizar qué conjunto de medidas o incentivos para atraer a las empresas se han puesto en marcha; en base a todo ello, se deberá realizar una estimación realista de cuantas empresas podrían realmente establecerse en la región, crear un plan de crecimiento ordenado y dimensionar el polígono industrial acorde con dichas estimaciones. De igual forma se deberá considerar la evolución esperada para los siguientes años garantizando la posibilidad de crecimiento. En suma, estamos hablando de planificación.

En muchas ocasiones las visiones no realistas y tergiversadas por puntos de vista políticos, o simplemente ensoñadores, hacen que una región acabe con un polígono industrial sin industria. En otras la falta de planificación del crecimiento hace que en poco tiempo la localización se encuentre saturada y obsoleta.

El segundo factor a tener en cuenta, no por ello menos importante, es el caso de negocio de la inversión. Toda nueva infraestructura trae consigo una serie de implicaciones que se deben considerar no solo en la planificación sino en las razones que respalden la decisión de inversión.

Volviendo al caso del polígono industrial, este necesita, por ejemplo, una inversión en carreteras para garantizar el acceso. De nada servirá disponer de naves industriales con los mejores medios si no se puede acceder de forma eficiente a ellas. De igual forma es importante no olvidar uno de los elementos que con más frecuencia pasan desapercibidos: el mantenimiento. Cualquier nueva infraestructura tiene costes de operación y mantenimiento. Sin embargo, en pocas ocasiones estos se tienen en cuenta a la hora de realizar la nueva inversión. Esto redunda en que una vez se encuentra levantada la nueva construcción el gobierno no dispone de medios suficientes para su sostenibilidad. Nuestro polígono industrial, por ejemplo, necesitará mantenimiento de las calles, aceras, suministro eléctrico, etc.

En el caso de algunas infraestructuras hay que tener en cuenta además la necesidad de disponer de un servicio universal. Hay determinadas infraestructuras que no sólo sirven para facilitar la implantación de empresas en la región y atraer inversiones sino que debe garantizar unos servicios para los ciudadanos que viven allí. Esto supone que la legislación deberá asegurar que, en caso de no ser el gobierno el proveedor o inversor responsable de estas infraestructuras, las empresas encargadas de ellos ofrecen este servicio universal aún en zonas donde el caso de negocio no sea rentable.

Este es el caso por ejemplo de las infraestructuras de suministro eléctrico. Todo ciudadano, independientemente de donde viva, tiene derecho a un servicio universal de suministro de electricidad con lo que las empresas proveedoras de este tipo de líneas deberán ofrecer este servicio incluso en aquellas áreas dónde no sea rentable.

La realización de un análisis que nos permita construir un buen caso de negocio y una buena planificación para cualquier nueva infraestructura no es tarea fácil. Sin embargo, es tarea del gobierno confiar esta labor a profesionales que puedan aportar una visión objetiva. El principal riesgo que encontramos en este tipo de situaciones es el peligro que traen consigo los sueños o ideales mezclados con la inconsciencia y el desconocimiento y, en ocasiones, con la codicia y la falta de ética.

Un gobernante puede aspirar a que su región se convierta en un centro de referencia mundial de una industria, digamos por ejemplo la cinematográfica. Sin embargo, si tradicionalmente en esta región no ha habido ninguna empresa que pertenezca a este sector resulta evidente que no va a producirse el cambio de la noche a la mañana. Resulta mucho más eficiente y productivo identificar cuáles son las capacidades de la región e invertir en infraestructuras que faciliten el desarrollo de las industrias relacionadas con esas capacidades.

Los sueños de determinados dirigentes pueden aparecer mezclados con la inconsciencia de quien no es capaz de identificar la necesidad de buscar el consejo de los expertos en esa área. Es importante remarcar la conveniencia de un análisis independiente. Por muy capacitados que estemos, si realizamos un análisis por nuestra cuenta, el deseo de que la región en la que vivimos crezca y se desarrolle puede llevarnos a hacer estimaciones demasiado optimistas que hagan errar nuestra previsión. En estos casos, la diversidad de criterios, ayuda a obtener una visión lo más realista posible. Por muy competente que sea un profesional o una empresa, todos corren el riesgo de errar.

Veámoslo con un ejemplo. Imaginemos que queremos implantar ferrocarril de alta velocidad en un país. Podríamos pensar que es deseable que todas las ciudades de determinado tamaño puedan disponer de este servicio. Sin embargo, la inversión necesaria para ello resulta desorbitada y superior a los recursos disponibles. Es por ello que resulta necesario analizar cuál va a ser el beneficio que esa inversión va a traer a los ciudadanos y a las empresas de esas ciudades de forma que se pueda valorar si existen otras inversiones cuyo retorno sea mayor. Probablemente habrá ciudades y regiones en las que la alta velocidad tenga sentido y otras en las que no.

En suma, debemos elegir siempre las inversiones más eficientes que permitan maximizar la rentabilidad de las mismas y, especialmente, el beneficio para ciudadanos y empresas.

Finalmente, en algunos casos la inconsciencia y los deseos se ven complementados por la codicia y la falta de ética de aquellos que no ven más allá de la oportunidad de sacar provecho de una inversión en concreto sin mirar más allá y analizar la idoneidad de realizar la misma o sus implicaciones. Este es, desde luego, el peor caso.

Acceso a Tecnologías de la Información

Tradicionalmente unido al pilar anterior, con los cambios introducidos en el cálculo del índice en 2018 la adopción de las tecnologías de la información obtuvo relevancia propia disgregándose del resto de las infraestructuras.
Esto es debido fundamentalmente a que los modelos de negocio están cambiando. En la última década hemos visto como el mundo se ha embarcado en un proceso de transferencia de datos y aplicaciones de entornos privados hacia la nube. Entornos en los que se puede sacar ventaja de la compartición de recursos.

Esto no era posible antes porque tanto los costes de transferencia de datos eran muy altos y, de igual forma, la capacidad de almacenamiento y la capacidad de procesamiento no eran suficientes. Sin embargo la evolución de la tecnología y su abaratamiento ha facilitado el cambio de modelo.

Hoy en día, para muchos negocios, resulta imprescindible embarcarse en procesos de transformación digital que van a traer consigo la necesidad de hacer uso de nuevas tecnologías. Y aún hoy, en caso de ser usadas a título individual, pueden resultar prohibitivas. Más aún si consideramos todos los requisitos adyacentes: capacidad de almacenamiento, de procesamiento, requisitos de seguridad... El hecho de poder compartir recursos con otras empresas en un entorno seguro y anónimo, que es la nube, esta democratizando el acceso a herramientas que, de otra forma, solo estaban al alcance de grandes compañías. Eso está permitiendo eliminar barreras de entrada en muchos mercados aumentando la competitividad de muchas pequeñas y medianas empresas.

Es cierto que aún existen muchas reticencias a trabajar en estos nuevos entornos, tanto por el desconocimiento como por la mayor percepción de riesgo, al exponer datos confidenciales en un entorno que no se sabe bien dónde está. Pero poco a poco esas reticencias van desapareciendo.

El entorno laboral también está cambiando. Un cambio que se ha visto acelerado en 2020 a raíz de la crisis del COVID 19 y que ha permitido a muchos darse cuenta de que el trabajo en remoto no está reñido con la productividad individual y de los grupos de trabajo. Una práctica que era cada vez más común en grandes empresas se ha extendido al resto de la industria acelerando el proceso de transformación de forma exponencial.

Al no existir la necesidad de asistir al lugar de trabajo de forma regular y en muchas profesiones, los modelos deslocalizados están permitiendo un cambio en el modelo de vida.

De esta forma, cada vez es más común que los empleados con los perfiles más demandados busquen, más allá de la compensación económica, la facilidad para realizar su trabajo desde cualquier lugar para así cambiar su modo de vida.

La combinación de esta demanda por parte de los trabajadores con la necesidad de acceder a nuevas tecnologías y aplicaciones en la nube, ha hecho que las conexiones de calidad se hayan convertido en una necesidad en las economías más competitivas.

Son muchos los países europeos como Francia, Alemania o Reino Unido, que se han embarcado en programas para incentivar el despliegue de redes de alta velocidad. Dichos programas están, en su mayoría, orientados a alcanzar zonas rurales o remotas, donde los operadores no llegan con sus despliegues, para así garantizar la competitividad de dichas áreas.

Muy probablemente, en el medio plazo, esta tendencia será la raíz de un cambio hacia la descentralización donde la industria se alejará progresivamente de los grandes núcleos urbanos, buscando eficiencia en las infraestructuras industriales, mayor competitividad salarial y la satisfacción de empleados que buscan un nuevo modelo de vida.

Por último, la reciente última tecnología, conocida como 5G, va a traer consigo la aparición de nuevos modelos de negocio puesto que va a romper con las limitaciones tecnológicas existentes.

Negocios como las operaciones quirúrgicas remotas o el coche conectado van a ser posibles gracias a esta nueva tecnología lo que abrirá la puerta a nuevos e innovadores negocios.

Es por ello que las infraestructuras de 5G, junto con el acceso de alta velocidad desde cualquier punto de territorio, van a convertirse en uno de los diferenciadores críticos de esta década.

Entorno Macroeconómico

La estabilidad macroeconómica, en sí misma, no mejora la productividad. Sin embargo, tiene implicaciones directas sobre la sociedad y las empresas favoreciendo la mejora de la competitividad de las mismas. De esta forma podemos decir que, si bien es indirecto, sí que existe un impacto relevante del entorno macroeconómico sobre la productividad y por ende sobre la competitividad de una región.

La economía viene regida inexorablemente por ciclos. Los gobiernos deben actuar de forma distinta según el momento de cada ciclo en el que se encuentren con el objeto de minimizar el impacto sobre los ciudadanos en las épocas de vacas flacas y maximizar el provecho en las épocas de vacas gordas. Y para ello debe poder disponer de la mayor cantidad posible de recursos de forma que no se encuentre en ningún momento con las manos atadas para hacer aquello que es necesario.

Las empresas dependen en gran medida del crédito que los bancos les facilitan para sus operaciones corrientes.

Por ejemplo, si una empresa compra materia prima que posteriormente manufactura y vende en forma de producto, durante el tiempo que lleve este proceso (desde la compra de la materia prima hasta la venta del producto) debe hacer frente a, entre otros, los costes que ha supuesto la compra original.

Para ello, en muchas ocasiones las empresas se verán en la obligación de obtener financiación. Esta tendrá un coste financiero asociado. El tipo de interés que se aplicará en estas operaciones dependerá tanto del nivel de riesgo de la empresa como del entorno macroeconómico. Cuanto mayor sea el riesgo, mayor será la tasa de interés.

Resulta evidente que cuanto mayor sea el coste de la financiación obtenida, menos competitiva será esta empresa frente a otros competidores que, en otro lugar, puedan acceder a créditos más baratos. Esta situación se acentúa cuando el entorno macroeconómico es débil pues las entidades financieras reducen el máximo capital disponible para la financiación a las empresas cuyas operaciones, y por tanto su viabilidad, dependen de este crédito. Esto trae consigo la necesidad de muchas compañías de afrontar no solo un mercado en el que resulta más difícil vender sino que dispondrán de menos financiación con la que garantizar sus operaciones. Esto, en la práctica, puede suponer el cierre de dichas empresas incapaces de encontrar el crédito necesario para cubrir sus necesidades operativas corrientes. A su vez, el cierre de las empresas supondrá despidos. Y estos traerán consigo la reducción del poder adquisitivo de los ciudadanos y de su capacidad de compra. En consecuencia, las empresas verán reducidas sus ventas entrando en una espiral de despidos y cierres.

En una situación de este estilo, el gobierno debe de poner en marcha medidas que fomenten el crédito y las ayudas a las compañías para que estas puedan continuar funcionando. Sin embargo, si el entorno macroeconómico es muy adverso y la gestión del gobierno no ha sido la adecuada, este puede encontrarse en una situación en la que no disponga de los medios necesarios para dedicar a estas acciones.

El déficit de un país es la diferencia entre lo que las arcas del estado ingresan y lo que gastan. Es decir, que si decimos que el déficit es de un 5% anual, estamos diciendo que ese país gasta cada año un 5% más de lo que ingresa; el país se está endeudando. Si la deuda del país es demasiado elevada, tendrá que dedicar gran parte de sus ingresos a pagar los intereses de dicha deuda. Además, puesto que esta es elevada, la tasa de interés que les pedirán aquellos que le presten el dinero será también más alta puesto que cuanto mayor es la deuda mayor es el riesgo de impago.

En las épocas de bonanza los gobiernos deberían reducir su nivel de endeudamiento puesto que el país necesitará menos ayudas amen de disponer de mayores ingresos. Por el contrario, en las épocas de recesión es el momento de aumentar el déficit y la deuda para poder hacer frente a las necesidades que la sociedad va a tener. Sin embargo, si se ha llevado una política dilapidadora cuando no era necesario, cuando llegue la contracción económica, la deuda será tan alta que no se podrá hacer frente a las necesidades de gasto.

Ante este razonamiento inevitablemente surge el debate sobre la conveniencia de que el gobierno, en entornos de recesión, tome medidas para ayudar a las empresas en lugar de dedicar los recursos disponibles a servicios a la sociedad o a ayudas directas a los ciudadanos.

La respuesta a este debate depende fundamentalmente de lo profunda que sea la recesión y, especialmente, de la duración de la misma. Si la época de vacas flacas no es especialmente severa ni larga, la provisión de mayores servicios sociales y de ayudas directas a los ciudadanos más desfavorecidos puede ser una medida eficaz puesto que por un lado se mitigan los efectos de la recesión económica (ayudas directas a los desempleados, por ejemplo) y por otro se incentiva el consumo interno (los fondos puestos a disposición de los ciudadanos permitirán que estos mantengan su nivel de gasto mejorando, o al menos manteniendo, el nivel de ventas de las empresas lo que ayuda a compensar los efectos de la recesión tales como la menor disponibilidad de financiación, la caída de las ventas, la presión en precios, etc.)

De igual forma, esta ayuda indirecta a las empresas, sirve para reducir la destrucción de puestos de trabajo e incrementar los ingresos del gobierno a través de los impuestos.

Existen, no obstante, dos situaciones en las que este tipo de soluciones no son las adecuadas: por un lado, si la recesión es muy severa, los recursos de los que dispondrá el gobierno para las ayudas directas no serán suficientes para compensar el impacto del empeoramiento del entorno económico. Por otro, si la recesión se prolonga en el tiempo, el gobierno no podría disponer de los recursos necesarios sin caer en niveles de endeudamiento muy elevados que acabaran empeorando el entorno macroeconómico y perjudicando a los ciudadanos.

En estos casos, las ayudas provistas por el gobierno deben ir dirigidas a favorecer a las empresas para que estas sean más competitivas.

Esta mayor competitividad se deberá traducir en mejores índices de contratación y mejores resultados. El mayor índice de empleo derivará en mayor volumen de impuestos y mayor capacidad de consumo de los ciudadanos lo que favorece, igual que en el caso anterior, el crecimiento de la demanda interna. La principal diferencia redunda en que la riqueza generada por estas medidas es sostenible en el tiempo y favorece el crecimiento continuado.

A raíz de lo anteriormente expuesto podría deducirse que puesto que las ayudas indirectas ayudan igualmente a los ciudadanos a la vez que mejoran la competitividad de las empresas, resultan más convenientes en todos los casos frente a las ayudas directas.

Sin embargo, debemos tener en cuenta que las ayudas directas son siempre mucho más fáciles de implantar, tienen un efecto más inmediato y necesitan mucho menos control para garantizar que son aplicadas correctamente y, por tanto, efectivas.

Las medidas indirectas deben aplicarse de forma mucho más cuidadosa y controlada. No es lo mismo dar una ayuda económica directa en función del nivel de ingresos a todos los ciudadanos a sabiendas que, de una u otra forma, el capital usado acabará en el mercado alimentando la demanda interna, que identificar cuáles son las necesidades de los distintos sectores empresariales del país de forma que se puedan aplicar medidas específicas.

Las ayudas indirectas traen consigo la necesidad de imponer controles que garanticen que los recursos sean realmente utilizados para aquello que fueron dispuestos.

Imaginemos, por ejemplo, un entorno macroeconómico de recesión en el que el crédito disponible para emprendedores se ve reducido puesto que las entidades financieras deciden reducir el riesgo asumido. Con el objeto de fomentar a los emprendedores que puedan crear empresas que generen riqueza y empleo a la vez que a empresas existentes inviertan en nuevas áreas, una medida adecuada pasa por disponer de fondos públicos para facilitar la actividad emprendedora. En general, la transferencia directa de fondos suele ser una mala opción porque resulta imposible asegurar que el capital es utilizado de forma adecuada para aquello para lo que ha sido destinado. Es por ello que resultan más producentes otro tipo de medidas. Ejemplos de estas serían las deducciones en los impuestos vinculadas a la contratación para empresas durante su primer año de vida, ayudas a la innovación vinculadas al lanzamiento de nuevos productos, etc.

Finalmente, tenemos que tener en cuenta que las medidas indirectas tardan más en ser efectivas. Por ejemplo, una nueva empresa tardará un periodo entre 1 y 2 años en comenzar a crecer y crear empleo.

Es por ello que estas medidas deben anticiparse, en la medida de lo posible, a las situaciones de crisis para ser efectivas en el momento crítico.

Las medidas directas son mucho más rápidas. Por ejemplo, cualquier ayuda directa que reciban los ciudadanos acabará en un periodo de tiempo normalmente inferior a 2 o 3 meses en el mercado favoreciendo el crecimiento de la demanda interna.

Hasta ahora hemos hablado de un entorno de recesión con crecimiento nulo o incluso negativo en los que la caída de la demanda se traducía en una caída de los precios y por tanto de la inflación.

La inflación es otro de los elementos clave a tener en cuenta al analizar el entorno económico puesto que tan dañino puede ser una inflación elevada como un entorno de estanflación.

La inflación se define como el incremento sostenido de los precios de bienes y servicios en relación a una moneda durante un periodo de tiempo determinado.

Un aumento desmesurado de la inflación significará, al ser los precios más altos, una caída de la demanda como consecuencia de la disminución del poder adquisitivo de los consumidores. Al aumentar de precio los productos, podremos adquirir menor cantidad de ellos con una misma cantidad de dinero. Además, fomenta la desinversión ante la incertidumbre del futuro valor del dinero. Aquello que ganemos hoy valdrá menos al día siguiente. Veámoslo con un ejemplo. Una empresa tiene que decidir si invierte en un país dónde la inflación es del 2% u otro dónde esta es del 10%. Además, esta empresa necesita, una vez establecida en el país, realizar inversiones anualmente para mantener sus plantas actualizadas. Pasado un año, el dinero ganado durante el primer periodo de actividad, en el primer país se habrá devaluado un 2% con lo que realmente dispondrá de un 98%

de lo ganado para realizar las inversiones que son necesarias el segundo año. Sin embargo, en el segundo país la devaluación habrá sido del 90% con lo que su capacidad de inversión será mucho menor.

La inflación trae consigo el aumento de los costes de producción (materias primas y salarios) lo que hace menos competitivas a las empresas frente a otras que produzcan en países con tasas de inflación mucho más bajas.

La inflación está íntimamente ligada a la masa monetaria, es decir, la cantidad de dinero existente. La razón es sencilla y la podemos explicar con una simple analogía. Imaginemos una tienda de ropa. Si ofrece a sus clientes prendas exclusivas que resultan difíciles de encontrar, al haber poca oferta, podrán venderlas a mayor precio puesto que la escasez hace que aumente el valor. Por el contrario, aquellas prendas que puedan encontrarse en cualquier tienda tendrán un precio más bajo como consecuencia de la competencia.

El mismo razonamiento se puede aplicar a la masa monetaria. Cuanto más dinero disponible haya, menor valor tendrá. Es por eso que una de las principales tareas de cualquier gobierno es la correcta administración de la masa monetaria para controlar la inflación. Esto resulta de especial relevancia, cuando en el país se encuentran regiones con situaciones económicas distintas que pueden demandar políticas económicas diferentes. Un ejemplo claro se puede ver en Europa. La Europa del Euro está formada por países con situaciones económicas muy distintas y que, por tanto, tienen tasas de inflación diferentes y necesitan tener en circulación masas monetarias diferentes. Sin embargo, al tener una moneda única y por tanto una sola entidad – el Banco Central Europeo – que controla la masa monetaria circulante, resulta imposible que esta sea adecuada para todos los países que, en momentos distintos, tienen requisitos distintos. Si bien la moneda única tiene innumerables beneficios para los miembros de la Unión Europea, es cierto también que son necesarias otras reformas que busquen la uniformidad para mitigar problemas de este estilo, dada la gravedad e impacto de los mismos.

La otra herramienta de la que dispone el gobierno para controlar la inflación es la tasa de interés a la que los bancos centrales prestan el dinero. Cuanto mayor sea esta, menor será el crédito concedido lo que limitará la inflación. El principal problema que esto conlleva es que la reducción del crédito también afecta a la industria productiva que ve mermada su capacidad de producir y sus ventas.

Es decir, si el crédito es muy caro porque el tipo de interés es alto, menos compañías y menos ciudadanos podrán hacer frente a los costes financieros y por tanto no dispondrán de financiación. Esto hará que dispongan de menor capital y por tanto que postpongan sus compras e inversiones lo que, en el caso de las empresas, mermará su capacidad innovadora y productiva y, en el caso de los ciudadanos, reducirá su capacidad de compra, y por tanto, la demanda interna con el consiguiente impacto en ventas y, por ende, en empleo.

En general, una tasa de inflación baja y positiva favorece el crecimiento sostenido de la economía.

La Sanidad

A la hora de medir el impacto de la sanidad sobre la competitividad se tienen en cuenta varios factores directamente relacionados con la incidencia de algunas enfermedades como son la malaria, el sida o la tuberculosis así como la esperanza de vida y la mortalidad infantil. Sin embargo, si nos centramos en los países desarrollados, en los que estas enfermedades bien se encuentran extinguidas, bien tienen un impacto mínimo, existen otros factores que determinan la importancia de la sanidad y su influencia sobre la capacidad productiva y la competitividad.

En estos casos consideramos que el impacto de la sanidad en la competitividad debe tener en cuenta tres aspectos bien diferenciados.

El primero de ellos es el impacto en la producción y abasto de alimentos. La política sanitaria en forma de medidas de control y normativas que garanticen la calidad de la producción agrícola y alimentaria es determinante a la hora de promover una industria competitiva. La salud de los ciudadanos es clave para un país y por tanto debe serlo para el gobierno. Es por eso que en cualquier país existen estrictas medidas de control agroalimentarias. A mayor nivel de desarrollo, mayor es el nivel de exigencia de estas medidas. Es por ello que, si queremos que los productos producidos en nuestro país sean competitivos a nivel mundial, una de las actividades en las que debemos poner foco es en el control sanitario del sistema productivo de manera que cuenten con la confianza y el reconocimiento necesarios para garantizar su competitividad. En muchos casos, éstos vienen de la mano de certificados de instituciones internacionales que verifican, bien la calidad de los alimentos producidos, bien los procesos de producción o la materia prima.

Veámoslo con un ejemplo. La existencia en una determinada región de la mosca mediterránea impide que los productos hortofrutícolas allí desarrollados puedan ser vendidos a nivel internacional. Esta plaga, muy común en climas templados, ha tenido en el pasado un impacto importante en la producción y exportaciones de países como Perú, Bolivia o Chile. Es por ello que durante la última década del siglo XX y la primera del siglo XXI se implantaron en estos países numerosas leyes y medidas de control de acuerdo con las recomendaciones de la

Organización Mundial de la Salud (OMS) y de la FAO (Convención Internacional de Protección Fitosanitaria) para conseguir su erradicación. Este esfuerzo tuvo un impacto especialmente significativo en las exportaciones de estos países cifrada en varios cientos de millones de dólares.

En segundo lugar se encuentra el impacto de la actividad sobre la productividad y por ende sobre la competitividad. Cuando un trabajador se encuentra enfermo y no puede acudir a su puesto de trabajo esto tiene un impacto económico sobre su actividad. Bien porque es necesario asumir los costes de otro trabajador que de forma temporal asuma las labores del primero, bien porque el trabajo quede sin realizarse reduciéndose la capacidad productiva. Es por ello que el gobierno debe invertir en la mejora de las condiciones sanitarias para, no solo hacer frente al derecho básico de todo ser humano de tener acceso a una sanidad digna sino también, de forma indirecta, fomentar el aumento de la productividad.

La acción gubernamental debe poner foco en la implantación de leyes y normas que garanticen las condiciones sanitarias adecuadas en el entorno laboral. A nivel empresarial, especialmente en empresas pequeñas y medianas, los vínculos entre las inversiones en materia de sanidad y seguridad en el trabajo y la productividad no resultan evidentes. En ocasiones pudiera parecer que tener menores costes laborales (minimizando la inversión requerida en medidas sanitarias y de seguridad laboral) maximiza la productividad. Sin embargo el impacto en la salud de los trabajadores, especialmente en el medio y largo plazo, afecta drásticamente a la productividad.

Una normativa legal en materia de sanidad y seguridad laboral es necesaria para poner en marcha las medidas que garanticen la salud de los trabajadores a la vez que fomenten la competitividad.

Resulta fácil realizar un análisis objetivo y tangible de este tipo de medidas. Contar con los medios sanitarios adecuados facilita que los trabajadores puedan realizar su trabajo correctamente. Existe un factor adicional, intangible, que en muchos casos tiene un efecto mucho mayor sobre la productividad. Se trata del impacto de las medidas y normas sanitarias en la motivación del trabajador y por tanto en su productividad.

Veámoslo con un ejemplo. Una empresa cuya actividad se desarrolle en oficinas deberá decidir qué inversión va a realizar en sus instalaciones (edificio, mobiliario, sillas, ordenadores, etc.). Partiendo de la base que la empresa cumpliera con los requisitos mínimos en materia sanitaria y de seguridad laboral (seguros, ergonomía, etc.) la empresa puede decidir invertir mayor capital en mobiliario más ergonómico, más cómodo o incluso más bonito, o en oficinas más luminosas, por poner un ejemplo. El hecho de disponer de un lugar de trabajo cómodo y agradable favorece la motivación de los trabajadores. ¿Cuál es el beneficio real de este tipo de medidas? ¿Compensan realmente la mayor inversión que es necesario hacer inicialmente? Obviamente dar una respuesta a este tipo de preguntas resulta difícil dado el carácter intangible o difícilmente medible de estas medidas. Probablemente el análisis debería realizarse caso a caso según el tipo de trabajo a realizar y unido a muchos otros factores, tarea usualmente a cargo de los departamentos de recursos humanos.

Antes de pasar al siguiente epígrafe, no quiero dejar de compartir un dato, muy relacionado con el punto anterior, para su reflexión. Según un estudio realizado en Estados Unidos para la revista "American Journal of Medicine", el 10% de los trabajadores americanos sufre depresión.

Sin entrar a analizar las causas, esta enfermedad es asumida por el trabajador, que sigue acudiendo a su puesto de trabajo, en un 80% de los casos y solamente se traduce en una baja laboral en el 20% restante. Sin embargo, los trabajadores que siguen trabajando, lo hacen con una capacidad productiva mucho menor. Hasta el punto que, según este estudio, el 50% del coste total asociado a la pérdida de productividad viene dado por este tipo de casos.

Tradicionalmente la inversión en la mejora de las condiciones sanitarias en el trabajo no había considerado la conciliación como una de las áreas prioritarias. Las dificultades para conciliar vida personal y laboral, especialmente en las grandes ciudades, se ha convertido en los últimos años en una de las principales razones detrás de los altos porcentajes de bajas. Está demostrado que las personas que viven en pueblos y ciudades pequeñas en las que el transporte y la distancia entre la residencia y el puesto de trabajo son mucho menores tienen muchas más facilidades para conciliar y, por tanto, acaban siendo más productivas.

Durante 2020 y 2021, hemos venido viendo como la pandemia del COVID ha forzado el trabajo remoto. Como consecuencia de ello se ha evidenciado que el presentismo no es necesario para garantizar la calidad del trabajo y la productividad.

En los próximos años veremos cómo los trabajadores van a demandar más medidas que faciliten la conciliación. Están necesitarán venir acompañadas de una regulación que facilite su implementación, aporte flexibilidad y permita acuerdos ventajosos para trabajador y empleador. Lo primero que nos viene a la cabeza a la hora de hablar de regulación son los costes asociados al teletrabajo para el empleado. Es justo que este vea compensado el hecho de poner su hogar a disposición de la empresa como lugar de trabajo. Sin embargo, el desplazamiento en sí mismo tiene un coste para el trabajador que en muchos casos puede estar dispuesto a asumir ciertos costes en el hogar a cambio de evitar el transporte y disponer de más tiempo libre. Es por ello que la regulación debería progresivamente centrarse en otros puntos muy importantes como la desconexión del trabajo, los seguros en el hogar, las condiciones de prevención y riesgos en el hogar como nuevo lugar dónde se desempeña la función, etc.

Llegado este punto en nuestro proceso de reflexión es necesario replantear la pregunta: ¿compensan los beneficios obtenidos por la implantación de medidas orientadas a mejorar el entorno laboral, la inversión que es necesario hacer en ellas?

Para dar una respuesta concluyente sería necesario realizar un estudio detallado, medida por medida, basada en datos y casos reales y que se escapa del objetivo de este ensayo. Sin embargo no debemos dejar pasar la ocasión de reflexionar sobre ello y entender que su relevancia e importancia es mucho mayor que la que en la realidad se le puede dar a un factor que en muchos casos pasa desapercibido.

El tercer y último punto a tener en cuenta al analizar el impacto de la sanidad sobre la productividad es el coste del sistema sanitario. Este es especialmente relevante dado el volumen del mismo.

Partamos de algunos datos (fuente: OCDE):

El coste sanitario total se encuentra, en media, en el entorno del 9% del PIB si bien en algunos países es ligeramente inferior (Polonia 7%) y en otros, significativamente superior (Estados Unidos 17%). De este coste, en torno al 30% es privado de forma que la inversión pública viene a suponer en media el 7% del PIB. Sin embargo este porcentaje supone en torno al 30% en media del presupuesto anual de cada país de la OCDE.

Este último dato es especialmente relevante dado su alto valor. Es decir, en los países de la OCDE, de cada 100 euros que se gasta el estado, algo más de 25 lo hace en sanidad. Muy por encima de otras partidas, incluso de educación, que supone en torno al 20%. La relevancia del mismo es aún mayor si analizamos el histórico. El gasto sanitario no ha dejado de subir en los últimos años en los países desarrollados. Y va a seguir haciéndolo. El gasto sanitario se espera que suba, según la OCDE (Informe Panorama Sanitario 2019) desde el 8,8% del PIB en 2018 hasta el 10,2% del PIB en 2030.

Este incremento es debido fundamentalmente al aumento de la esperanza de vida, que ha subido desde los 70 años en los años 60, hasta los 80 años en la actualidad. Este envejecimiento de la población ha tenido un impacto significativo ya que se estima que el 80% del gasto sanitario se dedica a la población más anciana cuya edad supera los 65 años.

Así mismo, la evolución de la medicina proporciona tratamientos innovadores más caros y complejos; especialmente en esta última franja de edad. Debemos por tanto asumir que gran parte del aumento del coste sanitario es el precio que nuestra sociedad debe pagar en contrapartida por vivir más tiempo.

La baja natalidad es el elemento que falta en esta ecuación puesto que al aumentar la edad de la población, dado el bajo número de neonatos, se contribuye exponencialmente al aumento del gasto sanitario.

El alto porcentaje de los presupuestos públicos que es necesario destinar a la sanidad hace que trabajar en la mejora y optimización deba ser una de las principales tareas de cualquier gobierno. Estas tareas de mejora y optimización deberían centrarse en tres grandes áreas de trabajo:

La investigación y desarrollo de nuevos tratamientos y medicinas. En la medida que se pueda ser pionero en los nuevos tratamientos no solo se consigue que estos estén disponibles para los ciudadanos sino que se pueden evitar parte de los altos costes asociados a dichos tratamientos. Si la inversión gubernamental en Investigación y Desarrollo facilita nuevas técnicas, estas estarán disponibles para los ciudadanos sin que sea necesario realizar grandes inversiones para adquirir las mismas en otros países o en el sector privado. De igual forma, el desarrollo de patentes sobre los nuevos tratamientos o productos permite establecer las bases de una industria fuerte en el sector que genere ingresos fruto de las exportaciones.

Indudablemente resulta complicado que la inversión pública en I+D sea suficiente para cubrir el nivel de investigación necesario. Algunas opiniones más críticas pueden poner en duda la eficiencia de la I+D pública frente a la privada.

Es obvio que la inversión pública en I+D necesita la colaboración con la inversión privada para crear una red de investigación sólida que permita desarrollar la industria del país. Igualmente es necesaria una sólida vinculación con el sistema educativo que permita la formación de profesionales que contribuyan a construir la base investigadora.

La creación de políticas de apoyo a la I+D en este sector, que favorezcan el retorno a los ciudadanos a través de la sanidad pública, es un ejemplo de políticas acertadas tales como procesos de investigación conjunta, colaboración de la universidad en la investigación o disposición de medios (instalaciones, profesionales…)

El segundo área de mejora radica en la optimización de los servicios sanitarios. Es decir, garantizar que el coste de los mismos es el óptimo que garantiza la máxima calidad al mejor coste. Esto implica que la sanidad pública debe estar en un proceso continuo de revisión y mejora con el objeto de adaptarse a las necesidades que los avances médicos y científicos van trayendo así como a los requisitos de la población que también van variando de acuerdo con los hábitos de vida (cambios en la alimentación, aparición de nuevos tipos de enfermedades, etc.)

Está demostrado (Estudios de Lalonde de los años 70, y estudios de la Organización Mundial de la Salud (OMS)) que llegado cierto punto, una mayor inversión en sanidad no se traduce necesariamente en una mejora de la calidad de vida o de la esperanza de vida.

Es por tanto imprescindible identificar el punto óptimo a la vez que trabajar en mejorar la eficiencia. Algunos elementos clave para maximizarla son:

- Reingeniería de procesos. Los procesos de atención deben adaptarse a los nuevos tratamientos, nuevas enfermedades, nuevas tecnologías y nuevos requisitos en general de los ciudadanos.

- Adaptación de los medios disponibles de manera que sean los óptimos en cada caso.

- Economías de escala. La negociación colectiva con otros hospitales regiones o incluso con otros países permite obtener mejores condiciones en las negociaciones con los proveedores.

- Formación. La correcta y continua formación del personal sanitario aumenta la eficiencia de estos en su trabajo.

- Gestión orientada a resultados. Elemento clave en cualquier tipo de organización para garantizar el mayor grado de compromiso y eficiencia por parte de los empleados en su desempeño.

Finalmente, el tercer área en la que es necesario trabajar es la prevención. La inversión realizada en concienciación de los ciudadanos para que mejoren sus hábitos de vida y consumo así como las mejoras en el entorno orientadas a mejorar la calidad de vida reducen la incidencia de las enfermedades y por tanto el coste asociado a su tratamiento. Veámoslo con un ejemplo. Se calcula que existen 29 enfermedades asociadas al tabaquismo y su tratamiento supone, de acuerdo con los datos de Eurostat, en torno al 1.7% del PIB en Europa lo que viene a suponer cerca del 15% del total del gasto sanitario (en torno al doble de lo ingresado por impuestos sobre el tabaco). Es por ello que las medidas que se tomen orientadas a la reducción del número de consumidores habituales de tabaco tendrá un impacto más que relevante en la reducción del coste sanitario.

Si bien existen estudios en sentido contrario al anterior que aducen que, puesto que todo el mundo morirá de algo, aunque se erradicara el tabaco los costes sanitarios asociados a tratar estas enfermedades pasarían a ser costes asociados a otras ("Cigarrete Taxation and the Social Consequences of Smoking" de W. Kip Viscusi"), pensamos que las consecuencias de algunos hábitos como el tabaquismo a lo largo de la vida de una persona son mayores que los que pueda tener asociado a otras enfermedades más propias de determinadas edades e intensivas en periodos de tiempo más concretos. Por tanto, aun aceptando que los beneficios asociados a la eventual erradicación del tabaquismo no supondrían la reducción del 15% de los gastos de sanidad, si podemos aceptar que estos se verían reducidos en una cifra significativa que justifica, de largo, la lucha contra el mismo.

En cualquier caso, más allá de las áreas anteriormente descritas cuyo objetivo es la reducción y optimización del gasto sanitario, queda claro que el principal problema al que se enfrenta la sanidad pública es el envejecimiento de la población. Puesto que este es un logro y el deseo es que la edad media siga aumentando gracias a los avances médicos, debemos asumir que el coste seguirá subiendo de forma gradual.

En este contexto, al ser inviable el descenso de los costes sanitarios, debemos garantizar el aumento de los ingresos. Obviamente siempre se puede acudir a soluciones rápidas pero rara vez efectivas en el largo plazo como es la subida de impuestos. Sin embargo la carga fiscal que los ciudadanos pueden asumir es limitada teniendo en cuenta que, a mayor nivel de impuestos, menor será el poder adquisitivo y el poder de compra de los ciudadanos; y esto afecta directamente a la demanda interna y a las ventas de las empresas, algo que finalmente se traduciría en una caída de los ingresos.

Es por ello que las medidas deben tener un objetivo mucho más ambicioso como es el incremento de la natalidad y la creación de un mercado laboral que garantice la ocupación de todos los ciudadanos. El incremento de la natalidad supone en la mayoría de los casos un incremento del número de contribuyentes y por tanto de los ingresos que pueden ser destinados a sanidad. Tengamos en cuenta que si bien se considera que la tasa de reposición (es decir, que nazcan igual número de personas que las que fallecen) debe ser de 2.1, para cubrir el incremento de los costes sanitarios debidos a una población más longeva, dicha tasa debería ser superior.

En los países desarrollados este es un grave problema puesto que, según los datos de la OCDE, en los 44 países que forman parte de ella esta tasa se situó en 1,54 en 2019. Sin embargo, ésta no es igual en todos los países yendo desde el 1,88 en Francia hasta el 1.26 de España.

¿A qué se deben estas variaciones?

Fundamentalmente a las políticas de apoyo a las familias impulsadas por cada gobierno.

Si tomamos como ejemplo Francia (país de Europa con la natalidad más alta), vemos que es el país de la OCDE donde mayor porcentaje del PIB se destina a políticas sociales-familiares (en concreto el 3.8%) (En España esta cifra no llega al 1.8%). Esta política combina las ayudas directas (exenciones fiscales, red de guarderías públicas, ayudas directas en forma de salario a aquellas personas que dejen su trabajo –hasta un máximo de 3 años- para cuidar a los hijos…y hasta un total de 30 medidas) con la creación de una conciencia positiva hacia la familia y el hecho de tener descendencia.

De nuevo en este segundo punto, la educación juega un papel fundamental.

Sin entrar en valoraciones éticas o morales sobre la familia y los modelos familiares, todo lo anteriormente expuesto deja clara no solo la conveniencia sino la necesidad, desde el punto de vista de la productividad, de una tasa de natalidad elevada con el objeto de mejorar la competitividad y la calidad de vida.

Para terminar con el apartado de la sanidad, podemos concluir, en base a todo lo anteriormente expuesto, que la mejora de la calidad de vida y de la esperanza de vida de la mano de una sanidad avanzada y universal y óptimamente gestionada favorece el aumento de la productividad y de la competitividad, siendo la natalidad el verdadero caballo de batalla de los gobiernos para convertir este pilar en una base sólida del crecimiento del país.

La Educación

La educación es, con mucho, el parámetro más importante que determina la competitividad de un país puesto que de él depende tanto la actitud y disposición de los ciudadanos como los hábitos de comportamiento.

Si empezamos analizando la educación primaria, la primera y clara conclusión es que ésta debe ser universal y de calidad. Uno de los errores más comunes que suelen cometer algunos gobiernos consiste en dar prioridad a la educación superior orientada a la élite frente a la educación primaria.

Especialmente en los países en vías de desarrollo es común encontrar ímprobos esfuerzos por tener una educación superior de referencia que sirva de imagen del país en el exterior. Sin embargo, este tipo de educación se encuentra normalmente restringida a una élite y no tiene acceso a ella la gran mayoría de la población que forma la base productiva del país.

La educación primaria debe estar al alcance de todos los ciudadanos. No todos los individuos van a querer, aun cuando tengan acceso a ella, adquirir una educación superior. Sin embargo todos deben adquirir la educación primaria que debe ser obligatoria.

La educación primaria debe ayudar a aumentar la eficiencia de cada individuo en su trabajo. Si la educación primaria no tiene la calidad necesaria o simplemente no es universal, será mucho más difícil que las personas se adapten a los cambios que el sistema productivo afronte durante la vida laboral del ciudadano.

La educación primaria aporta a cada trabajador las capacidades necesarias para responder satisfactoriamente a los procesos de adaptación a los cambios que, a nivel de formación, procesos, etc. va a traer consigo la evolución de los sistemas productivos durante su vida laboral.

Veámoslo con un ejemplo sencillo. En una fábrica se implanta un nuevo proceso. Para ello es necesario que los operarios cambien su forma de trabajar. Puede ser algo tan sencillo como cambiar la combinación de teclas a presionar. Para ello la empresa distribuye un pequeño dosier dónde se explica el cambio. Es obvio que es imprescindible que los trabajadores sepan leer puesto que, en caso contrario, no podrán saber en qué consiste el cambio y, o bien harán mal su trabajo, o bien será necesario invertir en formación de mucho mayor coste que mermará competitividad al proceso productivo.

Obviamente este ejemplo puede resultar extremo en países desarrollados pero sirve poner en perspectiva la importancia de algo tan elemental como la educación primaria.

Ni que decir tiene que la falta de formación primaria acaba dejando a los ciudadanos fuera del entorno productivo. Este, por otro lado, acabará buscando los perfiles que necesita en el exterior. Bien transfiriendo la capacidad productiva a otro país, bien facilitando el trabajo a inmigrantes mejor formados. No es necesario explicar los problemas de convivencia que puede generar un entorno en el que la población autóctona no tiene trabajo y ven cómo la inmigración sí que tiene acceso al mismo.

Si nos centramos en los países más desarrollados, obviamente las tasas de alfabetismo son elevadas y se acercan, en muchos casos, al 100%, dada la obligatoriedad de la educación primaria. Esto hace que lo más elemental: leer, escribir, cálculos matemáticos básicos, etc., se de por descontado. De hecho, unos de los parámetros considerados a la hora de medir el impacto de la educación en la competitividad es el índice de enrolamiento de los niños en la educación primaria.

No obstante, en estos países la cualificación mínima requerida en muchos trabajos también es superior. Puede llegar a darse el caso de ciudadanos excluidos laboralmente porque la educación primaria adquirida, al ser de bajo nivel, no le permita adaptarse a técnicas de producción más avanzadas que les van a ser exigidas en su trabajo. Esto puede traducirse a su vez en la falta de personal, aún sin requerimientos de altos grados de formación, para alimentar las necesidades de mano de obra de la capacidad productora de un país o región; frenando así su potencial de crecimiento.

Pero debemos ir más allá. En muchos casos son los trabajadores la principal fuente de innovación ya que, basándose en su propio conocimiento unido a su experiencia, son capaces de generar ideas de mejora en su actividad que contribuyen significativamente al incremento de la productividad. No en vano, si quisiéramos analizar los procesos de producción en, por ejemplo, una fábrica, lo primero que haríamos sería hablar con el personal en cada una de las distintas funciones para entender exactamente qué es lo que hacen. Esta información, más allá de la que se pueda encontrar en los manuales que describan los procesos a seguir, añade la visión particular, basada en la experiencia, de aquellos que ejecutan las distintas tareas.

La educación primaria juega, además, un papel importante al contribuir a la construcción de los pilares éticos que regirán la vida de cada ciudadano a lo largo de su vida. Sin despreciar la educación recibida en el seno familiar, la educación primaria debe colaborar significativamente en la siembra de los valores que serán necesarios para afianzar la productividad.

Puede parecer remota la relación entre estos valores y la productividad. Nada más lejos de la realidad, como veremos a continuación a través de algunos ejemplos.

En las primeras etapas de nuestra infancia es cuando aprendemos las reglas que rigen la convivencia en nuestra sociedad. Estas serán las bases de nuestro comportamiento futuro. Es en esta fase dónde aprendemos, por ejemplo, que necesitamos trabajar para obtener una remuneración y que ésta dependerá del valor que aportemos con nuestra labor.

Cuentos y parábolas como la historia de la cigarra y la hormiga están en la mente de todos. Sin embargo no basta con transmitir los principios y las ideas principales de una generación a otra. Es necesaria la ilustración de las ideas con el ejemplo. Éste debe venir de tres referencias muy relevantes que son los profesores, los padres, demás familiares y amigos, y los personajes públicos cuyos actos tienen un impacto relevante en el día a día de esa sociedad o, simplemente, son íconos (futbolistas, estrellas de rock...) de referencia para el ciudadano.

Estados Unidos ha sido siempre un país que se ha destacado por inculcar la cultura del esfuerzo. Una supuesta tierra de oportunidades en la que las ganas y el trabajo duro eran sinónimo de éxito. Obviamente, más allá de las percepciones que se tengan del país, que pueden ser en muchos casos fruto del marketing, la realidad no siempre se ajusta a la imagen idílica que de él se pueda tener. No obstante resulta un buen ejemplo de cómo ciertas ideas pueden inculcarse en las primeras fases educativas aun siendo conceptos teóricos que la experiencia empírica puede desvirtuar posteriormente.

La alineación de la educación con los mensajes e ideas transmitidos por la sociedad y por el entorno familiar es fundamental puesto que la decepción al contrastar que la realidad no se ajusta a aquello que se aprendió en el colegio puede suponer el germen de actitudes destructivas que no favorecen ni al individuo ni a la sociedad.

En un país en el que, por ejemplo, domine la corrupción y el enriquecimiento fácil de forma ilegal, difícilmente podremos conseguir inculcar el valor del esfuerzo. En situaciones como esta se produce una cadena difícil de romper; la cultura del pelotazo hace que los propios profesores no estén convencidos del valor del trabajo. Así mismo, pueden verse frustrados en su labor por el hecho de que ellos no tengan acceso, con su esfuerzo, a la riqueza que otros obtienen sin apenas hacer nada. Eso se acaba traduciendo en desidia que hace que los valores no se transmitan con el convencimiento necesario.

El hecho de que aquel que transmite un mensaje esté convencido del mismo es la mejor forma de que este cale en la audiencia. De hecho, resulta imprescindible.

Pero no podemos olvidar que la educación debe ser el primer paso para introducir los cambios de comportamiento que busquemos en la sociedad; orientados, en este caso, a la mejora de la productividad. Todo ello sin olvidar que ésta debe redundar siempre en la mejora de la calidad de vida y la evolución de la sociedad.

Otro de los valores críticos que debe adquirirse durante la educación primaria es el respeto a los demás. La solidez económica contribuye significativamente a estos valores.

Consideremos, por ejemplo, un niño pequeño, al principio de su periplo educacional, cuando aún no existen valores inculcados en su comportamiento. En una situación de riqueza en la que el niño tiene todas sus necesidades cubiertas no debería haber ningún problema a la hora de respetar a otros niños o a las cosas de estos. Sin embargo, si el niño se encuentra en una situación en la que pase hambre, no dudará en robar a su compañero para satisfacer su necesidad e incluso, si encuentra resistencia, causarle daño a este. Es indudable que en la primera situación resulta mucho más fácil inculcar el respeto a los demás. Nunca resulta fácil respetar a los demás y mucho menos lo que es de otros, aceptando conceptos como la propiedad privada, cuando las necesidades básicas no se encuentran cubiertas; y mucho menos cuando nos encontremos una situación de desigualdad en la que los privilegios de unos merman los derechos de la mayoría.

Incluso en circunstancias tan adversas, la educación debe entenderse como la herramienta por la que comenzar el cambio.

En la medida que una educación universal sólida esté al alcance de todos los ciudadanos, se sentarán las bases para fomentar un entorno colaborativo que fomente el incremento de la competitividad en beneficio de todos. Y sobre todo se fomentará la capacidad de los ciudadanos para comprender temas relativamente complejos que afectan a nuestro día a día y a tomar decisiones de acuerdo con esto. Sin embargo desde el gobierno de una nación esto es percibido, en muchos casos, como una amenaza. Si bien es comúnmente aceptado que la educación es un baluarte al que prestar especial atención para fomentar la competitividad, la productividad y el crecimiento de la sociedad de bienestar, también es cierto que cuanto mayor sea la formación de los ciudadanos mayor será la base del conocimiento y el criterio a la hora de tomar decisiones y, por tanto, mayor será su capacidad crítica con las decisiones gubernamentales.

Teniendo en cuenta que, en un sistema democrático, son los ciudadanos los que eligen a sus gobiernos, muchos políticos pueden ver una seria amenaza en la educación.

Esta perspectiva es completamente errónea. El no prestar la suficiente atención a elementos que, como el sistema educativo, influyen directamente en la productividad y por tanto en el crecimiento del país, termina impactando en la sostenibilidad del modelo de crecimiento y en el bienestar de la sociedad; lo que acaba generando descontento en los ciudadanos y por tanto termina también impactando en el rédito electoral.

La conclusión debe ser pues que cualquier acción que se ponga en marcha desde el gobierno, que tenga por objetivo intereses políticos que sean contrarios al crecimiento y al aumento de la productividad, acabará pasando factura a los políticos que la haya puesto en marcha.

Es cierto que en muchos casos se pone el foco en objetivos cortoplacistas en lugar de en el medio y largo plazo lo que perjudica la sostenibilidad. Sin embargo debemos insistir en el impacto que esto acabará teniendo en la propia carrera política de los gobernantes. Indudablemente la decisión tomada en cada momento dependerá de la honestidad y la ética de los gobernantes. Casualmente, dos valores cuya base debe también ser adquirida en la educación primaria y a través de la combinación de ésta con la educación en el hogar por parte de los padres y del entorno social.

Los argumentos expuestos en los últimos párrafos pueden resultar chocantes. Parece difícil que a la hora de votar los ciudadanos entiendan que la mala situación en un momento determinado sea consecuencia de las decisiones tomadas varios años atrás. Pero no es así. Puede ser que la ciudadanía no acabe de entender la relación directa pero si entiende que la educación que tiene es buena o mala en la medida que le permite acceder a un trabajo. Entiende si tiene acceso a puestos de trabajo bien remunerados o si, por el contrario, pasan dificultades para llegar a fin de mes. Y como quiera que las decisiones erróneas acaban redundando en un empeoramiento de las condiciones de vida de los ciudadanos, antes o después estas acaban pasando factura a los políticos que las tomaron.

Más allá de las opiniones sobre lo bueno o malo que es un sistema educativo, podemos analizar cuáles son aquellos que dan mejores resultados.

En este sentido podemos fijarnos en el sistema educativo Finlandés. Este sistema, que viene siendo referencia de acuerdo con el informe PISA año tras año durante más de una década fue implantado en Finlandia en los años 70 y en poco más de 20 años consiguió convertir a este país en una potencia desde el punto de vista educativo, algo especialmente significativo si tenemos en cuenta las posiciones de desventaja desde las que partía.

Es cierto que estas estadísticas miden los resultados obtenidos en distintas asignaturas de una manera totalmente objetiva. Sin embargo, si analizamos los elementos clave que lo diferencian de otros sistemas podemos reconocer la vinculación con los valores a la que hemos venido haciendo referencia en los párrafos anteriores.

En primer lugar en el sistema educativo finlandés la obligación no es ir a la escuela sino aprender. Lo que es lo mismo, se estudia para saber, no para aprobar. Esto, que puede parecer trivial marca una diferencia sustancial con otros sistemas educativos que definen el nivel de éxito del alumno a través de pruebas y exámenes. Esta actitud positiva hacia el estudio se consigue mediante la combinación de políticas educativas con valores familiares que reconocen la importancia de la cultura y el saber promoviendo en su seno el aprendizaje.

En Finlandia el sistema educativo no persigue la memorización sino la curiosidad, la creatividad y la experimentación. De esta forma se fomenta que el alumno busque aprender y desarrollar capacidades en aquellas áreas de conocimiento que despiertan su interés. Otros sistemas educativos, sin embargo, buscan la memorización de conceptos, cuya aplicación o utilidad, el alumno nunca llega a comprender de forma que acaba buscando superar exámenes o pruebas sin que importe realmente si ha aprendido. El sistema educativo no deber buscar la simple transmisión de información sino que es más importante aprender a pensar.

Para conseguir la implicación del alumno se fomenta el trabajo en equipo frente a la competencia entre estudiantes. Se llega incluso a buscar la ayuda entre alumnos para apoyar a los que queden más retrasados. En los primeros cursos el número de horas lectivas es muy baja (4-5) y mínima la cantidad de deberes. Hasta quinto curso no existen las calificaciones numéricas para evitar la competencia.

Los profesores trabajan en grupo buscando la participación y la retroalimentación de los alumnos. Además, se fomenta la relación alumno-profesor que llega a ser muy cercana puesto que no se llega a los 20 alumnos por clase.

La labor de la familia es muy importante puesto que desde los años 70 se ha hecho un trabajo de evangelización sobre la importancia de la educación que hace que ésta forme parte de la vida de las familias.

El sistema de bibliotecas es un claro ejemplo de esta labor de evangelización. Las bibliotecas finlandesas han evolucionado hasta convertirse en un lugar de encuentro en el que no solo se prestan libros sino que se dispone de una amplia colección de comics, discos y DVD, acceso a internet así como de medios audiovisuales con salas mixtas para lectura, entretenimiento de los niños, reuniones o simplemente para el encuentro con otros ciudadanos. Mientras que en otros países el punto de encuentro es un bar, restaurante, teatro, cine o centro comercial, en Finlandia es la biblioteca. En ella se desarrollan multitud de actividades diferentes.

Además, el acceso a las bibliotecas es un servicio público disponible para todos los finlandeses y se garantiza una biblioteca pública en cada municipalidad. De esta forma, el 78% de los ciudadanos se considera usuario del sistema de bibliotecas frente al 28%, por ejemplo, que podemos encontrar en España.

Otro de los elementos fundamentales del sistema educativo finlandés es la importancia que la sociedad da a la profesión de profesor. La formación de los mismos tiene muy en cuenta aptitudes para la sensibilización social. El profesor se convierte en un punto de referencia para la comunidad. Existen en los centros, además, sistemas de evaluación gestionados por cada centro educativo.

Es paradójico, sin embargo, como a pesar del peso que tiene la educación y el profesorado, los padres se consideran últimos y principales responsables de la educación de sus hijos por delante de la escuela a diferencia de otras culturas en las que se delega completamente esta actividad llegando a buscar en el profesor el único culpable del fracaso del alumno.

Finalmente, la enseñanza obligatoria es gratuita incluyendo material escolar y transporte amén de disponer de numerosas medidas de conciliación familiar y laboral.

Todo ello gracias a una inversión en educación del 6.8% frente al 5.4% de media de la OCDE.

Resulta interesante fijarnos en otro de los sistemas educativos que mejores resultados obtiene en el informe PISA y que es el coreano, dadas las significativas diferencias con el sistema finlandés recién examinado.

El sistema coreano se basa en el sacrificio y el esfuerzo. Es intensivo en clase incluso en la educación primaria. En Corea son comunes las largas jornadas de clase que alcanzan las 8 horas lectivas obligatorias de lunes a sábado y que, en muchos casos, se complementan con clases privadas de refuerzo. A la semana esto se traduce en una media en el entorno de las 50 horas de estudio frente a las 35 de la OCDE.

Si bien los resultados académicos son relevantes de forma que el 77% de la población acaba accediendo a algún tipo de formación universitaria, también es cierto que los niños son infelices en comparación con otros países de la OCDE (65.1 de índice de felicidad frente a una media de 100) como consecuencia del poco tiempo disponible para jugar y dormir.

La inversión en educación se ha visto incrementada significativamente ya que el gobierno considera la educación como la base del futuro alcanzando el 8% del PIB del país. Esta inversión se ve incrementada por un índice de inversión privada aún mayor. En Corea las familias dedican importantes cantidades de dinero a clases de apoyo que ayuden a sus hijos a destacar en sus estudios.

La sociedad Coreana da una gran importancia a la educación que se considera la base del futuro económico. Como dato y según una encuesta del propio gobierno coreano, el 83% de las familias esperan que sus hijos lleguen, como mínimo, a ser diplomados.

La inversión en tecnologías de la información como elemento clave del sistema educativo ha sido uno de los factores de éxito del sistema. Se han introducido medidas desde un proceso de reconocimiento de competencias TIC en los colegios hasta la inversión en infraestructura TIC en escuelas primarias y secundarias pasando por el desarrollo de un sistema de administración de la información escolar (SMIS) acompañado de programas de formación del profesorado.

La inversión en infraestructuras de la información se puede considerar uno de los éxitos del sistema puesto que se hizo dentro de un proceso estructurado en tres partes: la integración dentro de la infraestructura de clase y la creación de EDUNET, un sistema que vincula las políticas públicas a las escuelas, el desarrollo de contenidos y la integración de los EBS (Educational Broadcasting System) que permiten realizar retransmisiones de clases por internet entre otras utilidades y, finalmente, la implantación del "Life Long learning Society", un plan creado para introducir a los alumnos en un proceso de educación continua que trasciende la escuela y cuyo espíritu es la formación y capacitación continua para toda la vida.

La introducción de las TIC ha llegado al punto de convertirse en uno de los elementos fundamentales de las clases. Por ejemplo, se accede a libros de texto digitales que son ejecutados a través de tabletas PC con pantallas táctiles y que incorporan todo tipo de funcionalidades multimedia.

En otros países europeos hemos visto tímidos progresos en esta dirección. Sin embargo el caos generado a la hora de afrontar la crisis del COVID con clases online ha dejado en evidencia que aún falta un largo camino por recorrer.

Finalmente, el sistema coreano también da una gran importancia a la profesión del profesor que llega a convertirse en una de sus piezas clave. La profesión es reconocida y valorada así como retribuida de forma acorde a este valor. En Corea un profesor con 15 años de experiencia puede llegar a tener un salario que es el doble de la media en el país.

El reconocimiento, además, no es solamente económico; los profesores gozan de un alto prestigio social.

El sistema coreano y el finlandés parecen radicalmente distintos; sin embargo, entre ellos encontramos algunos puntos en común que son especialmente relevantes.

En primer lugar podemos ver que en ambos sistemas la familia juega un papel fundamental. Existe un entendimiento colectivo de la importancia de la educación en la sociedad. La educación se considera un elemento prioritario y los planes de educación y las actividades orientadas a concienciar a la sociedad son continuos y coherentes sin importar que partido político gobierne en el país.

En segunda lugar la inversión en educación es una prioridad y está orientada a llegar más allá de la formación puramente académica. La creación de entornos que favorezcan la integración de la educación en la vida cotidiana de los ciudadanos es una prioridad en ambos sistemas: claros ejemplos son la red de bibliotecas en Finlandia o el programa de formación continua coreano.

La prioridad en la formación de los profesores y el respecto a los mismos completan la foto común de estos dos ejemplos de sistemas de éxito.

Podemos concluir por tanto que, si bien cada país tiene unas prioridades a la hora de orientar sus planes de educación, existen puntos clave en los que deberíamos fijarnos a la hora de fomentar la excelencia educativa como base del crecimiento económico sostenido y de la competitividad en beneficio de los ciudadanos.

Adicionalmente podemos decir que tanto el sistema finlandés como el coreano han partido de una situación bastante mala comparativamente hablando en lo que a educación se refiere. Baste decir que en Corea el analfabetismo después de la Segunda Guerra Mundial alcanzaba a más de la mitad de la población.

En apenas 50 años cualquiera de los dos países ha podido alcanzar los primeros puestos.

Con esta referencia podemos concluir que, si bien los resultados no son inmediatos, los plazos de mejora ante la aplicación de las políticas correctas son menores de lo que pudieran parecer en una primera aproximación.

Otra conclusión interesante, que es extensible a otras áreas más allá de la educación, es que mediante el análisis de las medidas de éxito tomadas por países vecinos, aún sin perder de vista las particularidades sociales y políticas de cada uno de ellos, podemos tener referencias de valor que nos ayuden a la hora de mejorar el sistema educativo.

El caso opuesto lo podemos encontrar en Suecia que ha visto como desciende su posición en el informe PISA en los últimos años. Esto se ha debido a que realizó una ambiciosa reforma que acabó con los buenos resultados implantando los sistemas vigentes en otros países europeos como Gran Bretaña y que, a la postre, han resultado mucho menos efectivos.

El análisis de los sistemas coreano y finlandés nos muestra también que el camino para alcanzar la excelencia no es único y si bien suele tener puntos en común, puede diferir de un caso a otro. Las diferencias pueden tener un impacto significativo en la calidad de vida no tanto por el nivel de excelencia adquirido y por tanto la mejora en la competitividad sino por la forma en la que se llega hasta allí.

Nunca debemos pensar que mejorar la competitividad debe hacerse a cualquier precio. Siempre debemos tener presente que el objetivo de una mejora de la competitividad debe ser la mejora de la calidad de vida de los ciudadanos. El esfuerzo siempre va a ser necesario pero debe de tener resultados que compensen.

Podríamos plantearnos si el estrés al que se ven sometidos los niños coreanos, el alto índice de suicidios asociados al nivel de exigencia y los bajos ratios de felicidad, realmente son compensados por la alta cualificación, la mejora de la productividad y el aumento de la calidad de vida posterior que esto conlleva. Obviamente el concepto de compensación puede ser diferente para cada persona dependiendo de su cultura. Por ello quizás algo que para un europeo tiene un dudoso retorno es considerado de sobra compensando por un coreano.

Hasta ahora hemos venido hablando de la importancia del sistema educativo pero no menos importante es la formación durante la vida laboral.

La formación en el entorno del trabajo es crítica a la hora de optimizar los procesos y mejorar la productividad. En la medida que los trabajadores estén cualificados serán más capaces de realizar adecuadamente su trabajo.

Uno de los grandes riesgos que corremos en cualquier organización se encuentra en el acomodamiento. Esto es, personas que en un momento dado tenían la cualificación adecuada y eran extremadamente eficientes en su trabajo, pasados los años realizando las mismas tareas sin grandes cambios acaban perdiendo la capacidad de aprendizaje y convirtiéndose en auténticos pilares en contra del cambio.

En el mundo de hoy el entorno laboral se encuentra en proceso de transformación continua. Aparecen nuevas tecnologías que se traducen en nuevas formas de hacer las cosas. Es necesario adaptar procesos y formar a los trabajadores. Y resulta por tanto imprescindible aceptar la cultura del cambio.

A priori a nadie le gusta que cambien las cosas. Cambiar trae consigo la incertidumbre y la necesidad de salir de la zona de confort de cada individuo. Y eso, en muchos casos, supone rechazo. Por otro lado se encuentra la curiosidad innata que nos hace buscar la mejor forma de hacer las cosas y que nos empuja a investigar y a mejorar.

El sistema educativo debería trabajar la curiosidad innata y el gusto por investigar, descubrir e innovar mientras que la formación durante la vida laboral debería trabajar la capacitación continua para alinear los conocimientos del trabajador con los cambios en metodologías y procesos al adaptar los medios de producción a las últimas innovaciones.

Resulta además fundamental establecer un buen vínculo entre la formación durante el periodo educativo y las necesidades del mundo laboral. En muchas ocasiones los jóvenes acaban adquiriendo titulaciones, superiores o no, que no aportan los conocimientos que posteriormente necesitan aplicar en su trabajo. Esto se traduce en una pérdida de competitividad de las empresas que acabarán teniendo que asumir los costes asociados a la formación de sus empleados en aquellas áreas donde supuestamente habían adquirido esa formación previamente. Además, supondrá una pérdida de competitividad de los ciudadanos frente a otros extranjeros que quieran establecerse como trabajadores en el país.

Los procesos de formación dentro de una empresa, más allá de la adquisición de conocimientos técnicos, conlleva una importante componente cultural. Esta se refiere específicamente a la cultura de la empresa. Es decir, los valores, las actitudes y la forma de trabajar.

En muchas ocasiones se comete el error de no darle a este componente la importancia que realmente tiene.

Cualquier empresa debería prestar especial atención a cuál es la cultura que rige su organización. La cultura empresarial debe adaptarse al mercado, al tipo de negocio y a la estrategia seguida.

En general, en un entorno en el que el mercado demanda flexibilidad para adaptarse a cambios continuos y la adopción de nuevos medios, procesos y tecnologías, es necesario que la empresa promueva una cultura de flexibilidad y aceptación del cambio. Una cultura que le permita convertirse en una empresa dinámica que fácilmente puede adaptarse a los cambios del mercado.

Si bien no vamos a realizar un análisis exhaustivo de la importancia que la cultura de empresa tiene sobre la competitividad de la misma, si hemos considerado relevante hacer referencia a la misma.

No debemos olvidar, además, la necesidad de que todos los trabajadores sean conscientes de la relevancia de la competitividad de su empresa y de su contribución, por pequeña que esta sea, a mejorarla. Más aún, es imprescindible que todos comprendamos que el incremento de la productividad acaba redundando en el beneficio propio del trabajador en el medio plazo.

La educación ha realizado una evolución significativa en las últimas décadas. Hasta hace bien poco el individuo se consideraba receptor de la educación. Y consideraba que esta debía darse en las primeras etapas de la vida. Convirtiéndose en algo pasado en el momento en el que comenzaba la vida laboral. A partir de ahí, solo cobraba relevancia la experiencia.

Sin embargo el mundo se ha transformado. Los cambios se producen cada vez más rápido. Y lo que aprendemos pronto se queda obsoleto. Especialmente en entornos globalizados donde competimos con la innovación que tiene lugar en cualquier lugar del planeta. Es por ello que cada vez cobra más valor el concepto del "Life Long Learning". La educación ya no es algo particular de los primeros años de nuestras vidas. Los ciudadanos debemos entender que para mejorar nuestras condiciones de vida siendo más competitivos, tenemos la necesidad de estar en un continuo proceso de formación. Se acabaron los tiempos en que una vez empezamos a trabajar, bastan la experiencia y, quizás, cursos puntuales de la empresa. Hoy en día cada individuo debe ser dueño de su propia trayectoria educativa. Sólo de ese modo podrá tener control sobre el valor que aporta en la sociedad. Sólo de ese modo podrá entender que la mejora de su calidad de vida depende en gran parte de ese valor que puede aportar. Y sólo de esa forma podrá apostar por mejorar su competitividad a través del tándem experiencia-formación.

Tanto la educación como las políticas de recursos humanos están evolucionando progresivamente en este sentido.

La formación ha dejado en muchos casos de ser presencial y se nos ofrece hoy a través de distintos formatos mucho más flexibles y también mucho más económicos. La industria formativa ha aprendido pronto que tiene que adaptarse a este cambio de modelo. Y la mayoría de las escuelas que acompañaban a sus estudiantes hasta el término de sus estudios, superiores o no, ofrecen ahora formación continua a lo largo de la vida profesional.

La necesidad de flexibilidad para acomodar los procesos formativos a la vida personal y laboral ha hecho que proliferen nuevas plataformas que ofrecen la educación como un servicio más online.

De la misma forma, los departamentos de recursos humanos buscan cada vez más modelos de contratación y retribución que premien el valor añadido del trabajador en base a su experiencia y su capacidad de formación continua.

Resulta interesante analizar hasta que punto esto puede ser realmente beneficioso para la calidad de vida de los trabajadores. El hecho de tener que tomar el liderazgo de su propia carrera formativa añade presión a su vida diaria que ahora tendrá que conciliar una nueva actividad con la vida personal y laboral. Todo con el objetivo de mejorar su competitividad individual como medio para mejorar la competitividad empresarial, de sociedad y de país.

La realidad es que si bien demandará más tiempo dedicado a la formación, lo cierto es que el impacto en la competitividad permitirá que ese mismo ciudadano pueda disponer de mejores salarios y condiciones de vida.

Al final la pregunta a responder es, ¿qué es lo que hace que tengamos mejores condiciones de vida? ¿es razonable sacrificar tiempo en favor de tener mayor poder adquisitivo que nos permita disfrutar mejor del tiempo del que disponemos?

La respuesta no es fácil. Porque no es única. Existe una respuesta diferente para cada individuo. Hay personas que disfrutan con el estudio. Y que si son conscientes de cómo pueden utilizar su propia carrera educativa para impulsar su carrera profesional, no dudarían en hacerlo puesto que pueden convertir una actividad de ocio en una herramienta laboral. Otras personas, ante esta disyuntiva, optarán por optimizar su educación buscando un balance entre el tiempo y esfuerzo necesarios y el impacto en su día a día. Otras, simplemente, serán mucho más felices sacrificando poder adquisitivo en favor de disponer del tiempo necesario para su ocio.

En cualquier caso, hay dos puntos a no olvidar de este debate. Por un lado, es necesario que los individuos sean conscientes del cambio que se está produciendo para que puedan elegir su camino y optimizar su inversión en educación alineándola con sus expectativas. Por otro, es necesario que los gobiernos inviertan en ayudar a sus ciudadanos a tomar conciencia de este cambio. Y también en proporcionar herramientas flexibles para ello.

Es notorio el desfase existente entre las nuevas necesidades y los cambios que se van introduciendo en la educación pública. Las dificultades que han tenido muchas universidades y escuelas de formación profesional para adaptar de un día para otro sus programas a las condiciones impuestas por la pandemia durante 2020 es la prueba tangible del camino que queda por recorrer. Si a duras penas han sido capaces de adaptarse simplemente a impartir su formación de forma remota, ¿cuánto no deben cambiar para adoptar un modelo flexible en el que los individuos lideran su propio camino educativo?

No deberíamos terminar este apartado sin volver a incidir en la importancia de la educación como pilar en la competitividad. Un elemento clave que afecta a otros pilares como venimos viendo en este documento.

La educación tiene una particularidad importante que quizás hemos pasado de soslayo y que nunca debemos olvidar. En la medida que la educación de la población sea mayor, mejor capacitados estarán los ciudadanos para tomar decisiones, entre otras, la elección de sus gobernantes. La educación es la base con la que forjar los criterios que nos ayudan a tomar en cada caso la mejor decisión. Con ciertas salvedades, podemos extrapolar que, en el largo plazo, cuanto mejor sea la educación de las personas mejor capacitadas estarán para elegir a sus dirigentes y por tanto que sus sistemas democráticos evolucionen positivamente.

No olvidemos que, aunque al pensar en educación enseguida pensamos en asignaturas como lengua o matemáticas, la educación juega un papel relevante en la formación como personas de los ciudadanos complementado la labor de la familia y el entorno.

La Eficiencia del Mercado de Bienes

Son muchos los elementos que se consideran a la hora de medir la competitividad a través de este factor. Pero todos ellos están orientados a determinar la facilidad para hacer negocios en un país y la flexibilidad que las instituciones dan para ello.

Por ejemplo, es de especial interés la orientación al cliente. Obviamente este es un elemento en el que, como decíamos en el apartado anterior, influye significativamente la educación y la comprensión que todos, trabajadores y directivos, tengan de la misma.

Imaginemos, por ejemplo, una tienda que se encuentra en una situación complicada puesto que una recesión económica en la región está teniendo un impacto negativo en las ventas. Los dueños deciden realizar de forma puntual una serie de acciones de promoción y rebajas para incitar al consumo; y éstas traen consigo unos días de exceso de carga para los dependientes de la tienda. ¿Cuál debería ser la actitud de éstos? Desgraciadamente en muchas ocasiones podemos encontrar respuestas del estilo "a mí ni me va ni me viene" o "esto solo sirve para cansarme más y yo no gano nada en ello".

Es decir, la implicación de los dependientes con la empresa es nula y la visión, más allá del día a día no existe. Resulta obvio que si las ventas se deterioran significativamente, el modelo de negocio de la tienda no se sostiene por lo que es probable que en un intento por contener los costes se acabe prescindiendo de algún vendedor.

Resulta tremendamente importante comprender que muchas veces el destino de los trabajadores no está tanto en el empresario sino en el mercado. Y los trabajadores con su actitud pueden influir de forma relevante en el nivel de ventas, algo que redunda en el beneficio de la empresa y también el empleado.

No debemos quedarnos solamente con la idea de que el trabajador debe vincularse y sentirse identificado con la empresa. Los empresarios en muchas ocasiones son incapaces de reconocer el valor añadido que sus empleados aportan al negocio. En cualquier empresa se debería tener muy en cuenta el valor que los trabajadores aportan, especialmente el valor intangible, muy íntimamente ligado a la motivación y actitud de los trabajadores. Por ello deben buscar métodos que fomenten esta vinculación de forma que los empleados sean conscientes de que cuando son excelentes en su trabajo esto redunda no solo en la compañía sino también en ellos mismos. Estas medidas deben ser flexibles y adaptarse en cada momento a las necesidades que impone el mercado. Si volvemos a la tienda del ejemplo, además de la promoción con descuentos podían plantearse pequeños incentivos por conseguir objetivos de ventas.

¿Cuánto mayores podrían ser las ventas gracias a estos incentivos si la actitud del vendedor fuera sumamente proactiva frente a la actitud de desidia que puede aparecer ante el extra de trabajo si estos no existieran?

La educación juega un papel fundamental a la hora de favorecer la implicación de empresarios y empleados en una misión común que es el éxito de la empresa. Más allá de los distintos mecanismos que con este objetivo se puedan poner en marcha, influyen significativamente las ideas y valores, tales como el trabajo en equipo, que se inculquen especialmente en las primeras etapas educativas.

Además, en la medida en que los ciudadanos adquieran una comprensión básica sobre el funcionamiento de la economía podrán entender el papel que juegan con su trabajo en la empresa, la empresa en su sector, su sector en su país y todos ellos en la vida del propio trabajador.

Finalmente, algunas costumbres también marcan la orientación al cliente. Tomemos como ejemplo un servicio básico como es la atención al público en hostelería.

En algunos países como Estados Unidos se establece una propina fuera del precio de la carta que alcanza un valor medio del 10%-15%. Los salarios de los camareros se establecen partiendo de la base de que estas propinas lo van a complementar. Cada empleado en este caso sabe que si se esmera en atender a sus clientes puede ganar un extra puesto que las propinas serán mayores.

En otros países, como España, por ejemplo, el valor de la propina es meramente simbólico. El salario a percibir será equivalente independientemente de la calidad del servicio dado. Por tanto, es de esperar mayor dedicación y esmero en los servicios entregados por parte de los trabajadores americanos que lo harán buscando una plus en la parte variable de su salario.

Uno de los factores que más influyen en la orientación al cliente es la preparación de los mismos para atender a los compradores que cada vez son más sofisticados. Las empresas deben asumir que sus empleados deben estar en formación continua, especialmente aquellos que se encuentran de cara al público puesto que ellos son la imagen de la empresa. En la medida que puedan satisfacer al cliente mejorará la percepción que éste tenga de la empresa lo que, indirectamente, induce una mejora de las ventas en el corto y medio plazo.

Un ejemplo curioso a la vez que paradójico en este sentido son las tiendas de productos electrónicos. La electrónica ha evolucionado tanto en los últimos años que cuando queremos adquirir un producto nos vemos desbordados por acrónimos y funcionalidades que en muchas ocasiones no comprendemos. Disponer del asesoramiento adecuado puede marcar la diferencia entre elegir una tienda u otra. Se ha dado la paradoja, sin embargo, de que muchos clientes acuden a tiendas que disponen de este servicio para luego comprar más barato por internet.

La aparición de nuevos canales de venta que compiten con los tradicionales está trayendo consigo situaciones como esta en las que el comportamiento de los clientes no sigue los parámetros habituales dándose reacciones inesperadas como la anteriormente descrita.

La realidad, si se analiza en detalle, es distinta. El problema radica en entender cuál es el valor añadido que el cliente espera. En el ejemplo descrito, el cliente espera servicio a domicilio, soporte a la elección del producto y precio. Quizás por tanto orientación al cliente como elemento diferenciador no significa ofrecer un servicio de ayuda en la tienda que resulte caro e impacte en precio o un precio muy competitivo on-line sin ayuda. ¿Alguien ha pensado en un servicio de ayuda a la elección online o a través de una aplicación combinado con precios competitivos?

La orientación al cliente redunda siempre en una mejora de la competitividad pero para ello es necesario colocar al cliente como centro de todo.

Un segundo factor extremadamente importante a la hora de mejorar la eficiencia del mercado de bienes es la libre competencia.

Libre competencia significa la inexistencia de monopolios, el mínimo impacto de los aranceles, la facilidad a la hora de emprender un nuevo negocio o un impacto reducido de los impuestos.

Los monopolios perjudican significativamente la competitividad. Como veremos más adelante, la competencia es uno de los dinamizadores que favorecen la productividad. En un mercado en el que exista un monopolio, las empresas y los trabajadores se van a sentir cómodos. Las ventas no van a depender de que se hagan las cosas mejor que lo que lo hicieran otros competidores al no existir estos. En consecuencia las ineficiencias en procesos, la falta de inversiones en herramientas adecuadas o la falta de formación o motivación de los trabajadores no tendrán un impacto más allá del precio que los consumidores se verán obligados a pagar si quieren acceder al producto. Como veremos después, el paso de un monopolio a la libre competencia no puede hacerse de forma brusca sino que, en aquellos sectores que se vean sujetos a un proceso de liberalización, la regulación debe, con objeto de defender a la industria nacional, facilitar la transición.

Los aranceles son una herramienta para proteger a la industria nacional. Idealmente debería servir para evitar que industrias extranjeras que no producen en igualdad de condiciones puedan competir con ventajas. Por ejemplo, si con el objeto de mejorar las condiciones laborales de los trabajadores, en un país se imponen medidas de seguridad que suponen inversión adicional a las empresas autóctonas, otras empresas extranjeras que no se vean sujetas a estas normativas no tendrán que hacer dichas inversiones en su país de producción por lo que podrán ofrecer precios más competitivos. Es en situaciones como esta en las que los aranceles cobran sentido.

En muchas ocasiones la industria nacional tiene tan baja competitividad que los aranceles se utilizan para protegerla puesto que de otra manera sería devorada por la competencia internacional. Este tipo de medidas son un arma de doble filo puesto que, si bien defienden la industria y los puestos de trabajo, por otro lado facilitan que las empresas nacionales se acomoden y no emprendan medidas orientadas a mejorar la productividad. Es por ello que las protecciones arancelarias deberían ser elementos dentro de programas orientados a mejorar la productividad de la industria nacional.

Los impuestos son otro de los caballos de batalla más importantes en la medida de la competitividad. Si una empresa tiene que pagar grandes cantidades en concepto de impuestos dispondrá de menor capacidad de inversión para invertir y crecer lo que realmente supondrá una pérdida de competitividad. Menor crecimiento implica menos puestos de trabajo, menos beneficios futuros y, por tanto, menos impuestos en el medio plazo. Paradójicamente estamos diciendo que para generar más ingresos por impuestos, ¡deberían bajar los impuestos!

Por otro lado, un nivel de impuestos reducido no puede garantizar que los beneficios se reinviertan en crecimiento de la empresa ya que los dueños pueden optar por, simplemente, repartir el beneficio.

Por ello, los sistemas tributarios deberían premiar con reducciones de impuestos la reinversión de beneficios siempre que estos fomenten el crecimiento de la empresa. La dificultad radica, no obstante, en cómo implementar medidas de control que permitan identificar dichas inversiones con trasparencia.

La manera más sencilla de implementar este tipo de desgravaciones suele ser ligada a la creación de puestos de trabajo o a inversiones en I+D.

Finalmente, la facilidad para ser emprendedor, para abrir un nuevo negocio, favorece que aparezcan nuevas empresas y fomentan la competitividad. Este parámetro se puede medir según tres elementos: incentivos tales como subvenciones o reducciones de impuestos, nivel de burocracia que se traduce en tiempo y dinero y, por último, formación adecuada para fomentar a los emprendedores.

La formación del emprendedor debe ir más allá de la puramente académica y fomentar una idea clara en la sociedad de lo que es un emprendedor y lo que significa serlo. Esto debería ayudar a eliminar ideas preconcebidas que dinamitan la actividad del emprendedor.

Eficiencia del Mercado Laboral.

Cuando se habla de la eficiencia del mercado laboral inmediatamente vienen a la mente dos factores cuando menos polémicos: la flexibilidad salarial y la flexibilidad en el despido.

En un entorno en el que el mercado puede cambiar rápidamente las empresas abogan por tener flexibilidad para poder adaptar sus costes. De esta forma, cuando por cualquier motivo las ventas cayeran, podrían despedir a parte de su fuerza laboral o, en su defecto, reducir sus sueldos, de forma que ajustaran sus costes a las nuevas necesidades de producción. Esta flexibilidad ayudaría a la empresa a ser competitiva y ganar posiciones frente a sus competidores de tal manera que pronto volvieran a incrementarse las ventas volviendo entonces a contratar personal.

Al final de la historia el resultado sería positivo para la sociedad puesto que al ser más competitivas las empresas generarían más riqueza y puestos de trabajo en el medio plazo.

Sin embargo, en el otro extremo tenemos a los trabajadores que son ajenos a las múltiples razones que pueden hacer que las ventas caigan. Desde aquellas que son inesperadas y totalmente impredecibles y causadas por agentes externos hasta aquellas que se desprenden de la mala gestión del empresario. ¿Deben pagar los trabajadores con una merma de su salario o con la pérdida del puesto de trabajo cuando las causas escapan totalmente a su control y siendo el eslabón más débil de la cadena?

La pregunta no es fácil de responder porque son múltiples los casos que se pueden dar, cada uno de ellos con distintas causas y circunstancias. Y por tanto no existe una respuesta idónea que sea válida en todos ellos.

Sin embargo sí podemos afirmar que la respuesta que demos está íntimamente ligada a la ética, a la educación y a los valores de quien responda.

Resulta fácil adoptar posturas egoístas. Por ejemplo, un empresario puede pensar exclusivamente en la manera de enriquecerse sin importarle las consecuencias que eso pueda tener para sus trabajadores, para la sociedad y para el entorno. Igualmente un trabajador puede pensar en cobrar un salario trabajando lo menos posible o en cobrar una subvención para poder vivir sin necesidad de trabajar y sin importarle el impacto que su actitud pueda tener para otros trabajadores y para la sociedad.

Cualquiera de estos ejemplos muestra actitudes totalmente destructivas. Es imprescindible entender que todos formamos parte de una maquinaria cuyo objetivo debe ser siempre la mejora de las condiciones de vida de la sociedad.

En la medida en que éstas mejoren, aumentará la felicidad y la calidad de vida de todos los ciudadanos, más allá de si estamos hablando de trabajadores o empresarios. Esto, que puede parecer una ilusión y una utopía, debe ser el principio común que, a través de la educación, siembre los valores que conformen las bases de comportamiento de todos los miembros de la sociedad. Debemos adquirir conciencia de la importancia del bien común como medio para alcanzar el bienestar individual.

Un empresario debe entender que si sus empleados están satisfechos en sus puestos de trabajo aumentará significativamente su productividad. Veamos un ejemplo. Si reducimos los salarios, sin necesidad, con el objeto de ajustar los costes para poder mejorar el margen y ganar más, estaremos fomentando una actitud negativa del trabajador hacia la empresa con lo que donde antes se producían 100 unidades en poco espacio de tiempo pasarán a producirse 90, simplemente por la falta de motivación. Obviamente en este caso se podrían poner medidas de control para evitar estas caídas en la producción pero, aun cuando estas consiguieran su objetivo, tendrían un coste que nos devolverían a los niveles de ganancia anteriores además de traer consigo problemas de calidad y confianza.

Un empleado que muestre una actitud negativa y pasiva en su trabajo y que busque conseguir su salario haciendo el mínimo esfuerzo, aún en el caso de que consiguiera, por circunstancias coyunturales, mantener su puesto de trabajo, estaría impactando en la productividad de la empresa haciendo que esta fuera menos competitiva. Esta caída de la competitividad significa caídas en las ventas y, a la larga, perjuicio no solo para él sino para todos sus compañeros, muchos de los cuales pueden acabar perdiendo su trabajo o viendo perjudicadas sus condiciones laborales.

En suma, todos debemos entender que somos piezas de una maquinaria cuyo buen funcionamiento redunda en el bien de todos.

La educación debe ser un pilar a la hora de construir esta actitud y forma de pensar en los ciudadanos. Todos debemos entender que, por pequeña y poco relevante que pueda parecer, nuestra labor no deja de ser una pieza de un conjunto cuyo buen funcionamiento repercute en todos y cada uno de nosotros. Este conjunto necesita de la participación y del mejor hacer de todas sus partes por pequeñas que estas sean.

La educación es por tanto uno de los pilares en los que nos debemos apoyar. Aquella que debe transmitir los beneficios del trabajo en equipo haciendo entender a todos los ciudadanos que la unión hace la fuerza y que la colaboración es siempre más productiva y redunda en mayor beneficio para todos.

Sin embargo y a pesar de la universalidad de estos principios generales, en determinados casos pueden darse circunstancias que provoquen situaciones injustas para con algunos individuos. Estas situaciones son especialmente peligrosas puesto que pueden minar la moral de los ciudadanos y hacer contraproducentes los esfuerzos puestos en los métodos educativos. Al fin y al cabo, aprendemos no solo en base a la formación sino también en base a la experiencia.

Por otro lado, las expectativas de retorno de la inversión para el esfuerzo dedicado a la actividad laboral no son las mismas para todos los individuos; tampoco para las distintas partes implicadas. Esta variedad puede provocar situaciones de descontento que acaben minando también la productividad.

Como consecuencia, más allá de la educación, resulta fundamental la gestión del talento. Se trata de un concepto original de la empresa privada. La correcta gestión del talento facilita que cada empleado ocupe aquel puesto donde su contribución tenga mayor impacto. Permite además gestionar la formación de los trabajadores optimizando su capacidad para adaptarse a los cambios del mercado a los que la empresa necesitará responder. De igual forma ayuda a satisfacer las expectativas de cada trabajador fomentando la productividad.

Un elemento importante asociado a la gestión del talento es la definición de objetivos de cada empleado en su ámbito de influencia y dentro del marco de unos objetivos globales de compañía. Estos objetivos deben ir unidos a incentivos por el éxito asociado a su consecución. La definición de objetivos, además de servir para establecer un ámbito motivador y promotor de la productividad, sirve para analizar cómo se hacen las cosas y si la forma de hacerlas es la mejor, lo que también puede redundar en la mejora de la eficiencia.

Los objetivos deben ser alcanzables y bien definidos a la vez que fácilmente medibles por unas reglas claras y transparentes. De esta forma todos los empleados saben cómo van a ser medidos y la recompensa que obtendrán cuando los alcancen. El valor de la satisfacción por el reconocimiento del éxito es mucho mayor que el valor intrínseco de premios o recompensas económicas o de cualquier otro estilo.

Que los objetivos sean alcanzables está directamente ligado con las capacidades de cada individuo. De ahí, de nuevo, la importancia de la formación, esta vez en el ámbito laboral.

De nada sirven objetivos que no se puedan alcanzar y que solo sirven para desmotivar al trabajador.

Además de la definición de objetivos, resulta fundamental colocar a las personas adecuadas en los puestos de trabajo adecuados. Un viejo dicho afirma que todo trabajador asciende hasta su puesto de máxima incompetencia; es decir, mientras tiene la capacidad y el conocimiento para desarrollar sus tareas, un trabajador motivado irá obteniendo recompensa a sus esfuerzos en la forma de ascensos. Sin embargo, llegado un punto, se encontrará en un puesto para el que no está capacitado y en el que, al no producir de acuerdo a las expectativas, verá su carrera estancada hasta que termine perdiendo su puesto de trabajo. Como hemos visto anteriormente el mercado está en continua evolución con lo que es imprescindible que la formación y capacidades evolucionen al mismo ritmo.

Estas medidas, cuya aplicación resulta evidente en el entorno de la empresa, pueden extrapolarse, con ciertas salvedades, al entorno macro económico de país con el objeto de mejorar la productividad; veamos cómo.

En primer lugar, a nivel de objetivos; de igual forma que una empresa establece los objetivos globales y para cada empleado, el gobierno de la nación debe establecer sus objetivos respecto a en qué áreas espera que su país destaque en el entorno macroeconómico mundial. Para ello debe realizar un análisis detallado de los puntos fuertes de su economía y de su capacidad productiva con objeto de potenciarlos. Las medidas a poner en marcha para ello no deberían tener un horizonte cortoplacista impulsado por prioridades electorales sino que deberían de anteponer el interés general.

Estas medidas deben contemplar la adecuada formación de los ciudadanos para trabajar en los sectores por los que se está apostando. Si tomamos como ejemplo España, un análisis muy superficial de sus datos macroeconómicos nos permite ver las altas tasas de paro juvenil. Estas vienen dadas por la falta de cualificación de los jóvenes que durante la época dorada de la burbuja inmobiliaria a principios del siglo XXI prefirieron acceder a trabajos no cualificados pero altamente retribuidos en lugar de acceder a formación profesional o a estudios medios o superiores. Como consecuencia, hoy en día estos ciudadanos tienen serias dificultades para acceder al mercado laboral dada su escasa o nula cualificación. Si bien el problema no tiene solución inmediata, si que resulta necesario que el gobierno ponga los medios necesarios para fomentar la formación de esos jóvenes en aquellas áreas por las que vaya a apostar la economía española en los próximos años. Un ejercicio, en suma, de adaptación de la fuerza laboral a las necesidades de la industria del país.

Los objetivos que cada gobierno se autoimponga deben ser igualmente alcanzables aunque, desde luego, deben suponer un reto. Así mismo estos deberán ser medibles. Y, aunque suene a utopía, en la propia definición de los mismos deberían establecerse los criterios de medida que permitirán evaluar la eficiencia de la gestión del gobierno. Aunque pudiéramos decir que "hecha la ley, hecha la trampa" y cualquiera podría definir criterios de medida de acuerdo a su conveniencia electoral, la sola definición de los mismos ya sería un paso en pro de la transparencia y del fomento del esfuerzo público por mejorar la productividad y por ende la calidad de vida de los ciudadanos.

De la misma forma que existen objetivos y recompensas al esfuerzo y al éxito en la empresa privada, deberían existir en las funciones públicas. Sin eliminar el acceso mediante pruebas que permitan elegir a los más competentes para cada puesto tal y como existen en muchos países hoy en día (oposiciones, etc.), las políticas retributivas deberían incluir la recompensa a la consecución de objetivos y al esfuerzo. En algunas ocasiones, los bajos niveles de exigencia en el entorno público no solo perjudican la calidad del servicio prestado y la eficiencia del mismo sino que atrofian a los empleados que un día fueron los más cualificados para su función y que con el paso de los años pierden la motivación y se descuelgan del proceso de adaptación a las necesidades del mercado.

Las políticas de retribución en base a objetivos pueden ser consideradas caras. Se podría suponer que es necesario disponer de presupuesto adicional para los complementos. Sin embargo esto no es cierto. Realmente de lo que se trata es de un cambio completo en el modelo de gestión del talento. Por poner un ejemplo, podrían simplemente sustituirse las políticas de retribución que premian la antigüedad por aquellas que premian el esfuerzo.

Echando la vista atrás a todo lo expuesto en las líneas anteriores en este apartado vemos que la cooperación en las relaciones con los empleados, la adecuación entre los salarios y el valor del trabajo realizado y la gestión del talento contribuyen significativamente a optimizar la flexibilidad del mercado laboral. Podemos concluir por tanto que la flexibilidad del mercado laboral a nivel de salarios y despidos no debería ser tan importante si hemos sabido construir un entorno macroeconómico en el que se integren los puntos anteriores.

Desgraciadamente, aún con el foco en estos factores pueden darse situaciones en las por causas imprevisibles – recordemos, como decíamos al principio, que es imposible tener el control sobre todos los factores que marcan el devenir del mercado – el mercado se resienta y sea imprescindible la flexibilidad laboral.

Sin embargo, estas situaciones deberían ser extremas y, estando el mercado del país bien diversificado y siendo dinámico el entorno laboral, puntuales o específicas de un determinado sector. Por tanto, podrían cubrirse con políticas fiscales así como ayudas gubernamentales para los eslabones más débiles en los momentos críticos.

La política fiscal, de la que no hemos hablado en este apartado, puede ser una herramienta muy útil a la hora de atajar los problemas asociados a situaciones de crisis económica. Debemos recordar que debe ser misión del gobierno la correcta gestión de los recursos para que estos estén disponibles en los momentos en que la economía se encuentre en fases de decrecimiento para mitigar el impacto sobre los ciudadanos.

Por ejemplo, menores impuestos en épocas de crisis reducen la presión fiscal sobre las empresas que disponen en tal caso de más recursos para afrontar la competencia y las caídas de la demanda. De igual forma, la bajada de los impuestos de la renta y los impuestos indirectos favorecen el poder adquisitivo de los ciudadanos mitigando las caídas de la demanda del mercado interno. Todas estas medidas ayudan a sostener el empleo. De igual forma, llegado el caso, se puede recurrir a las ayudas directas a los ciudadanos que pierden su empleo.

Paradójicamente, en muchas ocasiones la inadecuada gestión de los fondos públicos en épocas de bonanza hacen que no se disponga de los recursos necesarios en los momentos en que son necesarios llegando a darse subidas de impuestos y reducción en ayudas lo que termina haciendo aún más crítica la situación para los ciudadanos.

Así pues entendemos que si bien la flexibilidad laboral y la flexibilidad en el despido pueden fomentar la competitividad, estas deberían ir acompañadas de una política de gestión de la educación y del talento dentro de la sociedad que permita la creación de un entorno laboral sólido y estable. De esta forma se minimiza el impacto de los ciclos económicos sobre la calidad de vida de los ciudadanos permitiendo que las ayudas y las políticas fiscales sean suficientes para cubrir las necesidades generadas.

Podemos decir por tanto que este es uno de los elementos más críticos en los que los gobiernos deberían trabajar si bien los resultados de cualquier acción aparecen siempre en el medio plazo. Resulta muy difícil el control por parte de los ciudadanos en las urnas puesto que en muchos casos no es evidente la relación entre hechos presentes y acciones pasadas del gobierno.

Estamos hablando por tanto de la confianza en la gestión y por tanto de la ética de todos y cada uno de los miembros de la sociedad. Especialmente por parte de los gobernantes pero también por parte de cada ciudadano, empleados y empresarios, cada uno en su ámbito. De ahí la importancia de la educación, entendiendo por tal tanto la cualificación como los valores.

A la ética y su importancia para con la competitividad le dedicaremos un apartado específico más adelante en este ensayo.

Desarrollo del Mercado Financiero

Las entidades financieras juegan un papel primordial en la sostenibilidad de la economía de cualquier país. Son por tanto de especial relevancia también a la hora de determinar la productividad.

Desde algunos sectores de la sociedad, con cierta razón, se suele ver a estas organizaciones con cierto desprecio al observar cómo se dedican a maximizar sus beneficios sin importarles las consecuencias que eso pueda tener para los ciudadanos.

Sin embargo no podemos obviar el papel que desempeñan. Sea o no de nuestro gusto, su rol es primordial para maximizar la competitividad de la economía y por ende la calidad de vida de los ciudadanos.

Aun así, resulta tremendamente difícil entender como las acciones de un banco pueden influir en la competitividad y en las condiciones en las que se desarrolle la sociedad. En los próximos párrafos intentaremos describirlo con varios ejemplos.

En primer lugar los bancos son la principal fuente de financiación para cualquier empresa. Cualquier compañía necesita realizar una inversión antes de obtener sus primeros ingresos. Si lo vemos con un ejemplo sencillo, un restaurante necesita invertir en el local, en mesas, en vajillas, en elementos varios de cocina, en ingredientes, etc., antes de poder abrir sus puertas al público; será sólo entonces cuando podrá empezar a cobrar por sus servicios hosteleros. Necesita por tanto adelantar el dinero necesario para la inversión. De igual manera muchas empresas necesitan financiar sus actividades corrientes. Por ejemplo, una fábrica de coches debe pagar a sus trabajadores cada mes mientras que recibirá ingresos solamente cuando el vehículo haya sido vendido, algo que puede ocurrir dos o tres meses después. Necesitará por tanto un capital mínimo mes tras mes para hacer frente a sus obligaciones.

Existen distintas fuentes de financiación. La primera de ellas, obviamente, los accionistas. Sin embargo, si solo dispusiéramos de esta fuente de inversión, solo aquellas personas que tienen un capital importante podrían crear empresas algo a todas luces insuficiente en la sociedad actual. Por otro lado se encuentran los proveedores; por ejemplo, la mayoría de los grandes almacenes juegan con la ventaja de cobrar a sus clientes en efectivo en el momento de la venta mientras que pagan a los fabricantes en plazos más largos lo que les permite disponer de capital en caja desde el cobro hasta el pago. Este capital puede ser utilizado para financiar sus actividades. Este medio, que puede resultar muy útil, no siempre es suficiente y solo se puede aplicar en algunos sectores en los que es práctica comúnmente aceptada (la fábrica de coches del ejemplo anterior no puede esperar a pagar a sus trabajadores hasta después de haber vendido los vehículos, por ejemplo). Por otro lado se encuentran las ayudas del gobierno; idealmente orientadas a fomentar la creación de empresas y a ayudar en su crecimiento con el objetivo de que este fomente la creación de puestos de trabajo y el incremento de los impuestos. Sin embargo, y a pesar de todas las anteriores, la mayoría de las empresas, en mayor o menor medida, necesitan el apoyo de las entidades financieras.

Pensemos en la importancia que esto tiene. Imaginemos una empresa que consigue un nuevo contrato de venta de los productos que fabrica. Para hacer frente a los pedidos necesita realizar importantes inversiones en ampliar la fábrica así como en personal para su funcionamiento. Si no fuera capaz de obtener la inversión necesaria para ello significaría que tendría que renunciar al crecimiento. Las implicaciones de eso, más allá del impacto para el empresario, que obviamente perdería los beneficios, son la pérdida de puestos de trabajo que dejan de crearse y la reducción de los ingresos del gobierno en forma de impuestos. De ahí la importancia de las entidades financieras como elemento clave para fomentar el crecimiento de las empresas.

Resulta evidente que el crecimiento trae consigo economías de escala y fortaleza económica para la empresa lo que le permite afianzar una situación de estabilidad ganando en competitividad.

La situación ideal es aquella en la que el banco financia el crecimiento de la empresa, recibe sus intereses por ello, la compañía amplía su negocio, se crean puestos de trabajo y, con más beneficios, se cobran más impuestos. Todos ganan.

Sin embargo, aquí intervienen dos factores que vienen a empañar esta bonita ecuación: el riesgo y el miedo al mismo.

No todas las inversiones realizadas en proyectos emprendedores tienen éxito. Es más, aun cuando vengan desarrolladas por un equipo con la competencia y formación adecuada y tengan un plan de negocio claro y con sólidas bases, la estadística muestra que solamente llegan a buen puerto en torno al 15% de los proyectos.

Este bajo porcentaje supone una barrera para la banca que considera mucho más seguro exigir bienes como avales de forma que sean los inversores los que finalmente asuman todo el riesgo.

Estamos diciendo por tanto que la banca acaba frenando gran cantidad de proyectos innovadores por su aversión al riesgo.

Podríamos argumentar que esto es razonable. Después de todo, los bancos son empresas privadas que necesitan ser rentables y por tanto no debieran de asumir riesgos innecesarios por proyectos de terceros en áreas distintas del negocio principal del la banca.

Sin embargo, antes de dar por cierta este argumento veamos el caso de los fondos de capital semilla. El negocio de estos es precisamente la inversión en ideas innovadoras que despeguen y obtengan la rentabilidad esperada. Asumen precisamente el riesgo que estábamos comentando. Y consiguen ser rentables. ¿Cómo son capaces de hacerlo? En primer lugar a través de la diversificación. La inversión no se realiza en un único proyecto sino en un número considerable de ellos. Saben que de cada 10 proyectos solamente uno, o con suerte dos, tendrá éxito. De ahí que construyan su modelo de negocio asumiendo que 9 de cada 10 proyectos van a fracasar. En segundo lugar, exigen rentabilidades mayores. Es decir, no estamos hablando de pedir un ocho un diez por ciento de interés anual si no que esperan rentabilidades que pueden llegar a ser del cien por cien. Sin embargo, vinculan el retorno de la inversión al éxito del proyecto. Veámoslo con un ejemplo. Un fondo de inversión de capital semilla invierte en 10 proyectos. Asume que 9 de ellos van a fracasar. Sin embargo, el proyecto que salga adelante, será capaz de multiplicar la inversión realizada por 5 en un plazo de 3 a 5 años. De esta forma, la rentabilidad obtenida permitirá compensar la inversión realizada no solo en ese negocio sino en los nueve restantes y todavía ganar dinero. Finalmente, el fondo de capital semilla se implica en el negocio tomando posiciones (consejeros, directivos, parte del accionariado…) de las empresas en las que invierte. De esta forma asegura que expertos ayuden a los emprendedores, que normalmente tienen menos experiencia. A la vez "cuidan" de su inversión.

Para el emprendedor, obviamente supone ceder una parte importante de su negocio en una primera fase pero la rentabilidad obtenida en caso de éxito compensa con creces este sacrificio inicial. Además, el emprendedor obtiene un soporte muy valioso basado en la experiencia de profesionales que se dedican al lanzamiento de empresas en ese sector.

Sin entrar mucho más en detalle en el funcionamiento del capital semilla, algo a lo que podríamos dedicar muchas páginas, vemos que existen métodos o formas alternativas para invertir de forma rentable en innovación y emprendimiento. Sin embargo, estas formas son mucho más complejas y exigen mucha más implicación del inversor que los métodos tradicionales de la banca tales como préstamos, líneas de crédito, etc.

Podemos concluir por tanto que, dado el potencial de rentabilidad y el beneficio que supone el apoyo a los emprendedores, dadas las perspectivas de creación de empleo, creación de empresas y crecimiento, la banca debería considerar la inversión en este tipo de proyectos como una de sus áreas de prioridad. Obviamente, ello debería ir acompañado de un cambio del modelo de comercialización y la creación de nuevos productos financieros específicamente dedicados a este nicho de mercado. Igualmente, se requiere la creación de equipos de trabajo especializados.

Desde el gobierno se puede hacer una profunda labor de fomento de esta necesaria conversión mediante la implantación de medidas que incentiven las inversiones de este tipo (por ejemplo, descuentos fiscales sobre los beneficios obtenidos en inversiones tipo capital semilla por entidades financieras)

Más allá de la disponibilidad de capital y servicios financieros resulta fundamental garantizar la libre circulación de capitales y la seguridad legal del país para las transacciones financieras.

Argentina o más recientemente Venezuela o Chipre son ejemplos claros en los que se ha impuesto la limitación a la libre circulación de capitales. Este tipo de medidas, si bien en ocasiones de deterioro financiero extremo pueden ser inevitables, se convierten en una losa a la hora de fomentar la inversión.

Veámoslo con el ejemplo de Venezuela. El gobierno venezolano tenía limitada la cantidad de dólares-moneda extranjera que podía salir del país. Para ello realizaba unas subastas periódicamente a la que concurrían las empresas extranjeras para poder cambiar los bolívares por dólares. Es decir, que una empresa, digamos Americana, que hubiera ganado un millón de bolívares en Venezuela, tendría que acudir a la subasta para cambiarlos por dólares y sacarlos del país hacia su matriz. De esta forma aparecía un tipo de cambio ficticio puesto que el tipo de cambio de la subasta, dada la alta demanda, era muy distinto del cambio comúnmente aceptado en la calle (mercado negro). Por un lado esto supone una merma para los beneficios de la empresa que ve como sus beneficios en bolívares se convierte en una cantidad mucho más baja. Por otro lado se convierte en un factor preventivo de la inversión internacional que buscará otros mercados en los que pueda hacer negocios libremente ajena a este tipo de preocupaciones.

En suma, el gobierno debe buscar que el capital quiera invertir en nuestro país por las condiciones del mercado del mismo y no por verse forzado a ello.

Tamaño del Mercado

El tamaño del mercado de un país se suele medir en base a dos parámetros principales:

a) El Producto Interior Bruto

b) Las Importaciones de Productos y Servicios

El Producto Interior Bruto (PIB) es importante puesto que mide de forma homogénea el valor de los productos y servicios finales que se generan en un país.

Es importante porque cuanta más industria y capacidad de producción exista en un país, mayor será su PIB. No obstante, es importante entender que más allá del valor absoluto, lo que realmente resulta relevante es el Producto Interior Bruto per Cápita.

Indudablemente una nación con una producción muy superior debería tener una capacidad de producción superior. Con lo que si se comparan valores absolutos las conclusiones pueden resultar erróneas. Desde luego puede darse el caso de que en algunos países con menor población el PIP per Cápita sea mayor debido a que la industria esté mucho más desarrollada o a que esté focalizada en sectores de mayor valor añadido. Pero, en cualquier caso, el valor per Cápita, al ser relativo permite una mejor comparación.

Las Importaciones de Productos y Servicios es un parámetro que resulta necesario analizar más detenidamente puesto que la comparativa no resulta tan directa.

Por un lado, cuando más desarrollado esté un país, mayores son las necesidades de sus ciudadanos y por tanto mayor tenderá a ser este parámetro. Pero por otro lado, cuanto más desarrollada esté la industria, más autosuficiente tiende a ser y por tanto las importaciones se centran en materias primas que no existan en la nación.

En cualquier caso el valor de este parámetro tiende a crecer según avanza el nivel de desarrollo pues el incremento de la demanda compensa con creces la evolución de la misma hacia productos de menor valor añadido.

Normalmente se ofrece como un porcentaje del PIB.

Desde el punto de vista del análisis a la hora de estudiar la competitividad de cada país, resulta mucho más interesante identificar cuáles son los productos que importa y cuales exporta pues ello nos da visibilidad del nivel de madurez de su industria.

Las naciones más desarrolladas exportan productos de mayor valor añadido, con una alta componente de innovación. La sostenibilidad es otro de los parámetros que recientemente ha cobrado peso y que se encuentra muy ligada a la innovación.

Podemos concluir que si bien resulta interesante poder comparar estos dos parámetros entre distintos países como indicativo del nivel de competitividad. Y que el incremento progresivo de ambos parámetros en el tiempo es un indicador de la evolución en la dirección correcta, más allá de eso no nos aportan demasiada información sobre cómo mejorar la competitividad. Especialmente si lo comparamos con otros pilares utilizados y comentados en este ensayo.

Dinamismo del negocio

Cuanto más dinámico es el entorno empresarial mayores son las probabilidades de que aparezcan empresas innovadoras y emprendedoras que encuentren el caldo de cultivo necesario para crecer y convertirse en líderes de mercado.
Son dos los factores que definen este dinamismo. Por un lado, el entorno regulatorio y por otro la cultura del país.

El entorno regulatorio debe ser fluido. El coste de emprender y las dificultades administrativas suelen ser dos de los principales inconvenientes que cualquier ciudadano encuentra cuando piensa en lanzarse a la aventura de abrir un negocio.

Emprender significa asumir riesgo. Significa una planificación que, de no cumplirse, fácilmente va a llevar a la empresa al fracaso. Y el fracaso siempre va a tener un impacto negativo en la vida del emprendedor. Es por eso que éste debe de sentir que el entorno le es favorable y que las instituciones ponen todo de su parte para facilitar su tarea.

En la época de las aplicaciones en la que todo se puede hacer desde el móvil resulta muy difícil entender que en algunos lugares crear una empresa implique largos procesos administrativos que consuman tiempo. Además, no todos los emprendedores tienen los conocimientos necesarios sobre los intríngulis de la administración o disponen del dinero necesario para contratar a alguien que les permita sortearlos.

Si preguntamos a la primera persona que nos encontráramos en la calle la respuesta que debiéramos obtener es que emprender es muy sencillo. Los trámites, al menos, resultan fáciles. Desgraciadamente son muchos los lugares en los que la respuesta es la contraria. Además del riesgo y de la inversión financiera necesaria, los emprendedores se encuentran con la barrera administrativa.

Esta barrera puede adoptar muchas formas. Después de todo, a pesar de las dificultades, los emprendedores pudieran estar dispuestos a invertir varias semanas de su tiempo en lograr su propósito. Pero una vez creada la empresa es necesario cumplir con todos los trámites legales mes a mes: obligaciones laborales, obligaciones legales, etc.

Otra de las grandes barreras es el acceso a la financiación. Hoy en día es tremendamente importante que se faciliten distintas formas de acceso a capital inversor. Se debe fomentar la creación de un ecosistema de inversores, grandes y más pequeños, que encuentren en el mercado nacional las condiciones de riesgo adecuadas para que estos inversores se decidan por nuestro país en lugar de por otro vecino.

Finalmente, la proliferación de plataformas de crowdfunding hacen que en aquellos lugares donde encontremos economías saneadas los ciudadanos puedan invertir de forma no tradicional. Esto, no obstante, va ligado a la cultura, la aversión al riesgo y la cultura financiera.

Antes de hablar de la cultura y su importancia, no debemos olvidar el entorno legal para casos de insolvencia. Los inversores deben encontrar un entorno regulatorio que les de la seguridad de que están protegidos ante malas prácticas o violaciones de las leyes.

El segundo factor del que hablábamos al principio de esta sección es la cultura. Y quizás pueda resultar chocante. Aunque indudablemente es importante la cultura financiera de la población como medio para mitigar la aversión a emprender, en este caso se hace referencia a la cultura como un concepto mucho más amplio.

La historia de la Humanidad ha sido siempre la historia de una sucesión de conflictos entre regiones, países o personas. Y ello siempre por diferencias en la manera de pensar, sentir o actuar.

Estas diferencias son realmente grandes entre países. Y pueden simplemente ser la razón entre los distintos apetitos por el emprendimiento.

Para un análisis exhaustivo sobre los parámetros que definen las diferencias culturales entre unas naciones y otras, una buena referencia se puede encontrar en Geert Hofstede (www.hofstede-insights.com)

Según Hofstede, existen seis parámetros que permiten caracterizar la cultura: aceptación de la distribución desigual del poder, balance masculino-femenino, aversión a la incertidumbre, individualismo, orientación a largo plazo e indulgencia hacia comportamientos humanos más permisivos.

A partir de esta clasificación resulta fácil entender porqué la cultura es tan importante a la hora de emprender.

Un lugar igualitario entre hombres y mujeres, por ejemplo, facilitará la innovación y el emprendimiento liderado por mujeres. Esto enriquecerá las opciones emprendedoras además de aumentar los casos de emprendimiento. Una orientación a largo plazo permitirá afrontar el emprendimiento de forma diferente a cómo se haría en un lugar dónde se mire solamente al corto plazo. Ya se comentó el caso de China en comparación con Occidente.

De igual forma un entorno colaborativo arropa a los ciudadanos animándolos a emprender. O un entorno con mayor aversión al riesgo supone una barrera al emprendimiento.

Surge entonces la pregunta de si es posible fomentar un cambio de cultura como herramienta que fomente el emprendimiento. La respuesta es sí, pero, desde luego, no resulta fácil.

La cultura de nuestra sociedad es fruto de todo lo que hayamos vivido como sociedad, de los retos a los que nos enfrentemos y de las posibilidades. Un ejemplo claro es el nivel de endeudamiento individual. En aquellos lugares donde se han vivido periodos más largos de bienestar económico se tiende a sentir menos la necesidad del ahorro.

No obstante, se trata de fomentar condiciones de vida que favorezcan el emprendimiento. De nada sirven campañas de comunicación y marketing que no vayan acompañadas de medidas concretas orientadas a apoyar a aquellos que se decidan a emprender. Es, por tanto, un proceso lento cuyos efectos solo se pueden ver en el medio y largo plazo.

Innovación

Uno de los principales pilares de la innovación es el acceso a la tecnología. ¿qué puede ofrecer un país a inversores extranjeros para que estos se decanten por nuestra Nación para invertir? Indudablemente la tecnología no lo es todo si no que debe venir acompañada de la regulación adecuada y de una potente integración con el sistema educativo como hemos visto anteriormente dando lugar a lo que podríamos definir como preparación tecnológica.

La preparación tecnológica que un país pueda ofrecer a los inversores extranjeros es fundamental a la hora de incentivar las inversiones.

En primer lugar porque estarán disponibles los medios necesarios para el desarrollo de su actividad. De igual forma que se necesitan carreteras, aeropuertos, redes de comunicaciones y acceso a la información, se necesitan tecnologías punta para poder desarrollar industrias puntera y de máximo valor añadido.

En segundo lugar porque la disponibilidad de la tecnología viene acompañada de empleados cualificados en su uso.

Finalmente, la disponibilidad de la tecnología, especialmente en el sector privado, contribuye a mejorar la competitividad de las empresas nacionales fomentando las exportaciones y el crecimiento internacional.

Sin embargo, ¿cómo puede contribuir el gobierno a la adquisición de la tecnología por parte de la industria nacional? Una buena opción, seguida por algunos países, consiste en institucionalizar el soporte a las empresas de un determinado sector en el ámbito internacional. Para ello existen tres posibilidades:

- Facilitar la integración de las empresas nacionales en el mercado internacional mediante acuerdos gubernamentales con otros países.

- Desarrollar la cooperación industrial realizada al amparo de programas de adquisición de productos y servicios.

- Apoyos directos a las exportaciones.

Un sector donde se combinan adecuadamente las tres opciones es el de defensa y armamento. Veamos como ejemplo programas como el desarrollo de un avión de combate en Europa (conocido como proyecto Eurofighter.) En este caso los gobiernos Europeos deciden realizar la compra de un producto – el avión – a un consorcio formado por empresas europeas. Los países adquieren el compromiso de compra de un número determinado de unidades. En contrapartida, el consorcio fabricante se compromete a adjudicar una cantidad determinada del trabajo de producción a las empresas de ese país. De esta forma, estas empresas no sólo garantizan su negocio sino que adquieren el conocimiento tecnológico necesario. Una vez terminado este proceso, las empresas nacionales podrían competir en entornos internacionales apoyándose en el conocimiento adquirido.

Un ejemplo semejante en Europa es el consorcio EADS al que pertenecen diversos países europeos y que, si bien no tiene aplicación directa sobre un producto concreto como en el caso anterior, sí que garantiza trabajo a empresas del sector aeronáutico en los distintos países participantes del consorcio.

Hay que tener en cuenta que estamos hablando de un arma de doble filo puesto que al garantizar la actividad laboral a la empresa nacional, no se fomenta en absoluto la productividad. Como hemos dicho en otras ocasiones en este ensayo, si no existe competencia, nuestras empresas se volverán menos capaces, y menos competitivas en programas de desarrollo y posterior compra como los que se suelen dar en el sector del armamento que habíamos tomado como ejemplo.

Por ello, este tipo de medidas deben ser temporales y orientadas, no a defender un sector, sino a facilitar que este adquiera el conocimiento tecnológico necesario haciéndose fuerte y competitivo.

Otro componente fundamental es la regulación vigente, en distintos ámbitos, en cada país. La regulación es una herramienta fundamental en el área tecnológica a la hora de proteger a las empresas nacionales y fomentar su negocio. Un ejemplo claro lo tenemos en el sector de las telecomunicaciones. En este sector, las frecuencias necesarias para radio, móvil, televisión, vienen reguladas por el gobierno. Un error en las medidas tomadas puede ser determinante a la hora de sentenciar a las empresas nacionales. Por ejemplo, a principios de siglo comenzó a hablarse de la nueva tecnología UMTS o 3G que iba a desplegarse en todo el mundo. Muchos gobiernos europeos vieron aquí la oportunidad de obtener una buena cantidad de ingresos extraordinarios mediante la subasta de las frecuencias. Muchos operadores tuvieron que pujar pagando altas cantidades de dinero por el derecho a usar esas las mismas. Esta inversión, impuesta pero a la vez imprescindible, tardaría muchos años en amortizarse dado el lento crecimiento de la demanda de estos servicios. Sin embargo, todo el capital destinado a estas inversiones fue capital que las empresas no pudieron destinar al crecimiento en otros áreas.

No obstante la tecnología no es más que una pequeña parte cuando hablamos de innovación.

Cuando una empresa es capaz de innovar hasta el punto de lanzar un producto totalmente nuevo que satisfaga una necesidad de los consumidores y que no tenga competencia, la compañía tiene una gallina de los huevos de oro entre las manos. Se trata de la famosa gran idea que muchos buscan como paso previo necesario para lanzarse a emprender.

Pero para poder llegar a ese punto es necesario pasar por una importante fase de investigación y desarrollo en la que necesitamos de una serie de factores clave:

En primer lugar es necesario disponer de capital necesario. Idealmente este debe ser una combinación de capital público y privado. Las principales empresas líderes en innovación a nivel mundial dedican porcentajes muy significativos de su facturación a la I+D pues son conscientes de que su éxito radica en estar siempre un paso por delante de la competencia. Empresas como Google o Microsoft llegan a invertir cerca del 15% de su facturación.

En 2020 Google, Microsoft, Huawei, Samsung, Apple, Volkswagen, Facebook, Intel and Roche fueron las 10 empresas que más invirtieron en I+D a nivel mundial (fuente Comisión Europea: "The 2012 EU Industrial R&D Investment Scoreboard")

Resulta interesante ver cómo esta lista refleja los movimientos de unos sectores a otros así como la situación geopolítica del planeta. Si comparamos con la misma lista 10 años antes, vemos como las empresas automovilísticas han dado paso progresivamente a las empresas tecnológicas mientras que las empresas farmacéuticas continúan en el podio de la innovación. De igual forma, las empresas chinas como Huawei han ido ganando protagonismo.

Pero más allá de la comparativa, resulta interesante ver que todas ellas son compañías punteras en su sector y con tasas de rentabilidad superiores a la media del mercado.

La inversión privada debe ir siempre acompañada de la inversión pública en I+D. El balance entre inversión pública y privada es fundamental para garantizar un retorno adecuado a la inversión realizada. En los países de la OCDE el 69% de la inversión total en I+D es privada llegando al 71% en USA frente al 64% que se alcanza en los países de la UE-15. Si analizamos los resultados en innovación y productividad en base a parámetros que midan la inversión en I+D tales como patentes por euro invertido o artículos publicados por euro invertido observamos que los retornos óptimos se dan para ratios del 70% de inversión privada frente al 30% de inversión pública.

En segundo lugar es fundamental la colaboración de la investigación privada y la universidad. La universidad no solo representa el principal punto de colaboración entre la I+D pública y la privada sino también entre la industria y los futuros trabajadores. Los proyectos de I+D en colaboración entre universidad e industria permiten que la universidad esté involucrada en proyectos puntera facilitando una formación de calidad a los estudiantes que mediante cursos de postgrado y doctorados comienzan su integración en el mercado laboral. De la misma forma, la industria accede a estudiantes e investigadores altamente cualificados que posteriormente puedan dar el salto al sector privado.

Finalmente, de nuevo la educación es una pieza clave para la innovación. El disponer de instituciones de calidad en formación e innovación facilita a la industria la disponibilidad de ingenieros y científicos con la formación necesaria para llevar a cabo los proyectos de investigación que la industria demande.

De nada serviría que el gobierno destinara fondos a la investigación o fomentara con cualquier tipo de incentivos la implantación de industrias punteras que inviertan en proyectos de I+D si el país no es capaz de ofrecer personal altamente cualificado capaz de participar productivamente en este tipo de proyectos.

La existencia de universidades e instituciones de investigación con el prestigio y la capacidad suficiente es el elemento clave para formar a los ciudadanos.

Más allá de la capacidad de innovación, pero tanto o más importante que esta, es la legislación existente para protección de la propiedad intelectual de la que ya hablamos al principio de este documento.

Resulta lógico que la industria privada no quiera realizar inversiones en I+D en países donde la legislación sea lo suficientemente laxa como para que los resultados de sus investigaciones sean copiados y fácilmente accesibles para la competencia.

Un parámetro que se ha incorporado a la evaluación de este pilar en los últimos años ha sido la diversidad. Quizás la primera vez que oigamos esto nos pueda parecer sorprendente. Y seguro que hay muchas voces que claman en contra puesto que no ven el valor de tener una fuerza laboral diversa en el entendimiento de que se debe priorizar la excelencia.

La diversidad, sin embargo, es riqueza. Poder contar en los equipos de trabajo con personas con perfiles diferentes, historias distintas, vidas no comparables, permite tener puntos de vista distintos. Y es entonces donde un entorno inclusivo que permita el debate y el análisis facilita la priorización de aquellas ideas más innovadoras.

No hablamos solo de género; aunque este tipo de diversidad es la más popular hoy en día dado el gap existente. Diversidad significa género, nacionalidad o raza pero también variedad de perfiles desde un punto de vista sociológico.

Las grandes multinacionales, cada vez más, evolucionan de organizaciones nacionales hacia organizaciones globales en las que la mayoría de las funciones se encuentran distribuidas de forma global en grupos multinacionales, multiculturales y diversos. No es solo una estrategia para beneficiarse de la globalización llevando las tareas de back-office a países de bajo coste. Se trata además de una manera de buscar la innovación continua como camino hacia la excelencia mediante la diversidad global. Algo que las nuevas tecnologías facilitan enormemente.

Fijémonos el reto que esto supone para las naciones pues cada vez las empresas van a estar menos cautivas de las dependencias locales. Si nuestro sistema educativo fomenta la diversidad y la preparación de nuestros ciudadanos, mayores serán las posibilidades de que estos acaben formando parte de entornos globales bien retribuidos. Con el consiguiente valor añadido para el desarrollo de la sociedad que traerán esos perfiles expuestos al desarrollo continuo y lejos de ataduras locales que pudieran aparecer impuestas por visiones parciales, hoy fuera de lugar en el nuevo terreno de juego global.

Engaños al medir la productividad

El aumento de la producción ¿significa un aumento de la productividad?

Recordemos que la productividad se refiere a la cantidad de bienes o servicios producidos a partir de ciertos recursos. Un aumento de la producción no significa necesariamente un aumento de la productividad. Si el consumo de recursos ha aumentado en igual proporción, la productividad no habrá sufrido variación. De hecho, si el consumo de recursos ha aumentado en mayor medida que la producción, nos encontraremos con que, aun aumentando la producción, ha disminuido la productividad.

Veámoslo con un ejemplo. Imaginemos una fábrica que produce en un mes 1000 unidades de un determinado producto. Para ello dispone de 50 trabajadores, 5 máquinas especializadas y consume 500 unidades de material prima. En un momento dado y con objeto de atender un aumento de la demanda, la fábrica decide invertir para aumentar la producción hasta las 1500 unidades. Para ello, contrata a 30 trabajadores, compra 3 máquinas más y consume 850 unidades de materia prima.

En un primer análisis podríamos decir que la empresa va bien. Ha sido capaz de aumentar su producción para atender al mercado. De hecho, puesto que la demanda ha aumentado un 50%, las ventas se habrán disparado y posiblemente el precio también. Un análisis somero de la empresa nos podría llevar a la falsa conclusión de que es una empresa de éxito. Sin embargo, si atendemos a los números, nos daremos cuenta de que, por ejemplo, para producir 1500 unidades necesitamos a 80 trabajadores cuando antes necesitábamos 50 para producir 1000. Es decir, que el ratio de trabajadores por unidad de producto producido se ha deteriorado desde 0,50 hasta 0,53. Además la eficiencia de las máquinas también se ha reducido al necesitar 8 máquinas para producir 1500 unidades cuando antes con sólo 5 máquinas se producían 1000. Del mismo modo, el consumo de materia prima por cada unidad producida es mayor puesto que antes se necesitaban 0.5 unidades de materia prima por cada producto producido y ahora se necesitan nada menos que 0,56.

En suma, si hiciéramos un análisis de lo que nos cuesta producir una unidad de producto veríamos que el coste es mayor. Por tanto la productividad ha bajado.

El ejemplo anterior muestra una situación bastante común; cuando nos encontramos en una época de bonanza en la que se produce un aumento significativo de la demanda, es fácil conseguir crecimientos en las ventas y pensar que se están haciendo bien las cosas cuando en realidad no es así.

Normalmente habrá síntomas claros de la bajada de la productividad. Más allá de los fríos números anteriores, probablemente podamos encontrar otras señales más evidentes. Por ejemplo, suele ocurrir que el mercado crece más de lo que crece nuestro nivel de ventas. Este es un síntoma claro que viene a significar que los potenciales clientes prefieren comprar a nuestros competidores porque probablemente su producto es más competitivo al tener una mejor relación calidad precio ya que al costarnos más la fabricación de una unidad, aumentamos el precio de esta.

Otro síntoma puede ser el deterioro de los márgenes obtenidos como resultado de las ventas. Es decir, mantenemos nuestros precios al mismo nivel que la competencia pero, puesto que tenemos mayores costes, las ganancias obtenidas por cada unidad producida es menor.

En el ejemplo anterior estábamos analizando cómo evoluciona nuestra productividad según aumenta la producción. Sin embargo, hemos hecho un análisis estático referenciado a nuestra posición inicial incurriendo en un error fundamental al no tener en cuenta algo que ya mencionábamos al principio de este ensayo: la productividad es un término relativo.

En efecto; podría darse el caso de que nuestros competidores se encontraran en una situación similar. Es decir, para aumentar la producción tendrían que haber empeorado su productividad. En este caso, podría darse incluso la extraña situación de que, aun empeorando la productividad, nuestras ventas aumentaran más que el mercado puesto que el deterioro de la productividad de nuestra empresa no fuera tan elevado como el de los competidores. Como dice un viejo refrán: "en el país de los ciegos el tuerto es el rey".

Llegado este punto podría pasarnos por la cabeza una reflexión. Si la empresa de nuestro ejemplo marcha bien – después de todo las ventas se han incrementado un 50%, han aumentado las ganancias y hemos contratado a 30 personas además de generar negocio a otras empresas que nos han vendido nueva maquinaria y mayor cantidad de materia prima - ¿por qué tanta obsesión con la productividad si prácticamente no ha sufrido variación? Podríamos llegar a pensar que pasar de 0.5 a 0.53 no parece algo tan dramático.

Este tipo de reflexiones suelen darse en momentos en que las cosas van bien. La demanda es alta y no parece haber motivos de preocupación. Sin embargo, son extremadamente peligrosas porque hacen que descuidemos la preparación de nuestra empresa para entornos mucho más competitivos y con condiciones de mercado favorables.

Las condiciones de contorno favorables, desafortunadamente, no duran eternamente. Los ciclos económicos se suceden y tras las épocas de bonanza vienen otras más duras. Es en estos periodos en donde la competitividad tiene un papel mucho más relevante porque puede significar el elemento diferencial que haga que sea nuestra empresa, y no otras, la que sobreviva al periodo de crisis. Cuando el mercado se contrae y la demanda cae nos encontramos en una situación en la que hay menos clientes para el mismo número de competidores. Es entonces cuando tendremos que hacer valer nuestra mayor competitividad para ofrecer productos más atractivos – por ejemplo más baratos – que la competencia.

La competitividad en estas situaciones llega a ser tan importante que puede determinar la supervivencia de una empresa.

Volvamos al ejemplo anterior. Imaginemos que se produce una contracción del mercado y que la demanda cae un 30%. Nuestra empresa se vería en serios problemas puesto que, a igualdad de condiciones con los competidores, sufriría una caída de sus ventas en una cifra equivalente – pongamos que de 1000 a 700 - . Y aunque hay algunos costes directos, como la materia prima, que dejan de ser necesarios al fabricarse menos, otros como el salario de los trabajadores y la amortización de la maquinaria se mantienen independientemente del nivel de ventas. Esto puede hacer que el negocio antes productivo se torne en pérdidas para la empresa. En esta situación solamente hay dos salidas. Una de ellas, quizás la más fácil, consiste en reducir gastos. Es también, claro está, la más dolorosa porque significa despedir trabajadores y generar menos riqueza. La otra, normalmente la más complicada, consiste en aumentar las ventas. En un entorno de crisis en el que el mercado no crece, aumentar las ventas significa básicamente capturar clientes de nuestros competidores. Y la única forma de hacerlo es ofrecer mejores productos a precios más ventajosos. Para poder hacerlo necesitamos ser más competitivos que ellos.

La conclusión a la que llegamos es que nunca podemos dejar de estar atentos a la productividad. En las épocas de expansión del mercado debemos aprovechar la mayor disponibilidad de recursos para mejorar nuestra eficiencia, ganar más cuota de mercado y reforzar nuestra posición mientras que en las épocas de contracción del mercado debemos apoyarnos en nuestra mayor competitividad como pilar para mantener el nivel de ventas y mejorar nuestra posición.

De alguna forma encontramos ciertas similitudes con la fábula de la cigarra y la hormiga: debemos prepararnos en la parte alta del ciclo económico para cuando nos encontremos en la parte más baja.

Echando la vista atrás a lo que hemos comentado en este capítulo, vemos que hemos estado centrados en una visión microeconómica de la productividad. Sin embargo, ¿podemos aplicar los mismos conceptos en un entorno macroeconómico? Es decir, cuando se habla de que un país tiene que mejorar su productividad, ¿estamos hablando de lo mismo que en el caso de una empresa?

Indudablemente sí. Podríamos decir que cada país se comporta como una gran empresa. Disponemos de una serie de recursos (materias primas, conocimiento, industria, fuerza laboral, etc.) y a partir de ellos producimos una serie de productos con distintos niveles de sofisticación.

Son varios los factores a tener en cuenta en esta gran empresa que es una nación.

Por un lado, nuestros clientes están separados en dos grandes grupos: los ciudadanos del propio país – lo que llamamos demanda interna – y los clientes de otros países – lo que llamamos exportaciones. Ambos son claves para generar riqueza y crecimiento; sin embargo, la competencia en uno y otro caso no siempre se rige por las mismas reglas ya que los entornos de mercado, preferencias, etc. pueden variar de un sitio a otro. Este es un factor importante que deben tener en cuenta las empresas según cuál sea su cliente objetivo.

Por otro lado, desde el punto de vista de la demanda interna, los ciudadanos son a la vez trabajadores y consumidores. Estamos pues hablando de un peligroso círculo. Si los ciudadanos tienen trabajo, tendrán acceso a recursos para comprar los distintos productos que se producen en el país. Al aumentar la demanda aumentarán las ventas y será necesario crear más puestos de trabajo lo que a su vez permitirá generar más demanda y así sucesivamente.

Sin embargo, debemos tener en cuenta que en este mundo cada vez más global, incluso en nuestro propio mercado, las empresas nacionales compiten con otras extranjeras. Esto es extremadamente relevante por tres razones.

En primer lugar, porque podría darse el caso de que los productos extranjeros fueran más competitivos que los nacionales; esto derivaría en que la demanda interna de productos nacionales cayera aunque los ciudadanos tuvieran recursos suficientes para adquirir los distintos productos. En el medio plazo esto significaría que nuestros trabajadores acabarían perdiendo su trabajo puesto que las empresas nacionales no serían capaces de vender su producción.

En segundo lugar, porque podría darse también el caso de que nuestro país no tuviera capacidad de producción de aquellos productos requeridos por la demanda interna con lo que fueran otros países los que se beneficiaran de un mercado interno en bonanza.

En tercer lugar, porque en un mundo global como el que nos encontramos, las empresas deciden cada vez más des-localizar la producción. Esto quiere decir que no se produce necesariamente en aquellos países donde se encuentra la demanda sino que se busca producir en aquellos países donde resulta más eficiente, es decir, dónde la productividad es mayor. Esto quiere decir que siendo un país extremadamente productivo se atraen las inversiones extranjeras que son un elemento primordial a la hora de crear riqueza.

Llegado este punto, la pregunta clave es, ¿qué puede hacer un gobierno para favorecer la mayor productividad de su país?

Vista la relación entre competitividad y productividad explicada en el capítulo anterior, es indudable que, con objeto de aumentar esta última, las medidas de cualquier gobierno deberían ir orientadas a fomentar el desarrollo de los pilares que sustentan la competitividad.

Sin embargo, esta no es tarea fácil puesto que, más allá de las dificultades asociadas a cada ámbito de inversión, cualquier tipo de medida necesita tiempo para surtir efecto. Por ejemplo, si construimos un nuevo aeropuerto en una ciudad para convertir a esta en un centro de tráfico internacional que facilite la creciente implantación de empresas en la región, necesitamos unos años para que el aeropuerto esté, primero construido, y posteriormente establecido y a pleno rendimiento. Es por ello que en muchas ocasiones puede resultar positiva la implantación de medidas proteccionistas. Es decir, medidas que protejan a las empresas nacionales favoreciendo sus ventas en los mercados locales mientras aumentan su productividad para competir en mercados internacionales. Por ejemplo, en un país con una industria automovilística importante se pueden disponer aranceles a los fabricantes de vehículos extranjeros que quieran vender sus vehículos en ese país favoreciendo la competitividad de las empresas nacionales. Este tipo de medidas, si bien pueden ser positivas en el corto plazo, corren el riesgo de hacernos caer en la falsa sensación de que nuestras empresas van bien y son competitivas cuando realmente no lo son. Después de todo, en el ejemplo anterior, embebidas en el entorno proteccionista creado por el gobierno, las ventas probablemente sufrirán un importante incremento e incluso tendrán cuotas de mercado superiores a las de los competidores creando una falsa ilusión puesto que las empresas seguirán sin ser realmente competitivas y sin capacidad de competir en entornos internacionales en los que estén sin la protección gubernamental. De nuevo el engaño del que veníamos hablando al principio del capítulo: el aumento de la producción podría parecer que supone un aumento de la productividad cuando no tiene por qué ser cierto.

Debemos tener en cuenta también que cualquier país competidor nuestro puede implantar también medidas proteccionistas para defender a sus empresas de otras que fueran más competitivas. En situaciones de este tipo el gobierno puede implantar también medidas que afecten a las empresas de esos países. De esta manera, se protege a las empresas nacionales, no ya de no ser competitivas sino de las ventajas que los competidores obtienen de sus respectivos gobiernos. Por ejemplo, si un determinado gobierno favorece las exportaciones de las empresas fabricantes de tecnología mediante subvenciones y créditos blandos, puede tener sentido que esas mismas empresas se vean obligadas a pagar aranceles más altos que otras de otros países para compensar el beneficio y apoyo que reciben en su país de origen frente a las empresas nacionales. Usualmente existen tratados comerciales bilaterales entre distintos países que regulan este tipo de medidas tales como Mercosur o la misma Unión Europea.

Sin embargo, en un mercado libre donde este tipo de circunstancias no sé den, las medidas de este tipo deberían ser ante todo temporales, es decir, estar en vigencia durante un periodo de tiempo limitado suficiente para que las empresas adquirieran el nivel de competitividad adecuado.

Esto supone un reto en muchos casos puesto que, como hemos visto, dichas medidas acaban desincentivando a las empresas locales de invertir para aumentar la productividad. Es más, como veíamos hace un momento puede crear precisamente el efecto contrario. Las medidas de este tipo deberían, por tanto, ir siempre vinculadas y condicionadas a otras que favorezcan el aumento de la competitividad.

En este sentido, una práctica extendida en los países desarrollados en el sector de la tecnología de defensa son las oficinas de desarrollo técnico. Estas oficinas tienen por misión buscar acuerdos internacionales que permitan la cooperación internacional en proyectos con participación de varias naciones en las que cada una de ellas aporta una parte de acuerdo con su área de especialidad y conocimiento. En estos proyectos se asegura el negocio para la industria nacional y, lo que resulta mucho más importante, se busca el trasvase de conocimiento. Es decir, las empresas nacionales, mediante su participación en el proyecto, adquieren también capacidades en áreas dónde hasta entonces no podían competir. Este tipo de acuerdos, si bien complejos, suelen ser beneficiosos para todas las partes, puesto que se garantiza un nivel de negocio a cambio de cierta transferencia del conocimiento entre aliados.

Llegado este punto, la reflexión podría llevarnos a preguntarnos que, si podemos proteger con distintas herramientas en forma de leyes a la industria nacional, ¿para qué necesitaríamos mejorar nuestra productividad?

Indudablemente un país que fuera completamente autosuficiente podría plantearse este tipo de razonamiento. Sin embargo debemos tener en cuenta dos cosas.

En primer lugar, ningún país es 100% autosuficiente. Es decir, en un área u otra necesitaremos importar. Adicionalmente, si nuestro gobierno dispone excesivas trabas a las importaciones, probablemente nuestras empresas se encontrarán con trabas similares en el extranjero haciendo imposible que puedan tener éxito fuera de su país de origen.

En segundo lugar, con objeto de favorecer el crecimiento y garantizar la mayor tasa de empleo en el país, en la mayoría de los casos no es suficiente la industria nacional sino que necesitamos que industrias extranjeras decidan establecerse en nuestro país porque así son más competitivas. Obviamente esto requiere medidas por parte del gobierno que favorezcan el caldo de cultivo necesario para ello tales como menores tasas impositivas durante determinados periodos de tiempo o subvenciones para la contratación de personal nacional.

Si miramos el panorama internacional podemos encontrar países donde el gobierno ha dispuesto de duras medidas proteccionistas. Argentina es un claro ejemplo de ello. Las medidas puestas en marcha por los sucesivos gobiernos durante la primera década del siglo XXI, y en concreto por el gobierno de Cristina Fernández Kirchner, acabaron trayendo consigo un empeoramiento sustancial de las relaciones con el extranjero. En concreto, las tensiones producidas con la Unión Europea derivaron en un proceso de arbitraje dentro de la

Organización Mundial del Comercio. Cierto es que quizás este tipo de medidas en un primer momento protegerán a la industria nacional; sin embargo, en el medio plazo, el deterioro de las relaciones con las grandes potencias mundiales acabará suponiendo una huida de las inversiones en el país.

La principal conclusión de lo comentado en los párrafos anteriores es que no existe una solución perfecta; el gobierno de una nación debe buscar el equilibrio adecuado entre las distintas medidas de forma que facilite tanto el incremento de la productividad protegiendo e incentivando a las empresas nacionales, como su expansión internacional y de igual forma favorezca las inversiones internacionales en el país. Una tarea, desde luego, compleja.

La ética de la productividad

En una primera valoración podríamos decir que la productividad está reñida con la ética. Después de todo, ser más productivo significa hacer más con menos. Por ejemplo, producir la misma cantidad de producto con menos mano de obra; en suma, despedir a trabajadores. Además, con un único fin que es generar más beneficios.

Podemos seguir desarrollando este mensaje y llegar a decir que la búsqueda de la máxima productividad, puesto que solo busca maximizar el beneficio, acaba volviendo mezquino al empresario que, ciego de avaricia, termina buscando la forma de explotar a sus trabajadores con el objeto de ganar un poco más.

Y siguiendo esta línea argumental podemos incluso llegar a concluir que el entorno económico en el que vivimos, puesto que requiere a las empresas maximizar la productividad para poder subsistir, acaba siendo perjudicial para la mayoría de la sociedad puesto que no busca el bienestar del trabajador ni de los ciudadanos.

Sin embargo, esta argumentación no es del todo completa. El aumento de la productividad, en el medio plazo, trae mayor riqueza y crecimiento que a su vez significa más puestos de trabajo. Puede ser efectivamente que en el corto plazo las medidas a tomar para aumentar la productividad supongan una reducción del número de trabajadores más, en el medio plazo, al verse mejorada la competitividad, las ventas deberían aumentar y por tanto ser necesarios más trabajadores para aumentar la producción.

Visto con un ejemplo: imaginemos una empresa que decide invertir en una nueva maquinaria de última tecnología que permite automatizar los procesos de producción. Como consecuencia de la inversión realizada, la producción de 1000 unidades de producto que antes necesitaba a 3 trabajadores, pasa a poder realizarse tan solo con dos. La mayor eficiencia de la maquina permite que, adicionalmente, se reduzca un 10% el tiempo de producción.

Si bien el resultado de la inversión en el corto plazo puede ser efectivamente que la empresa acabe prescindiendo de un trabajador, en el medio plazo supone que, al aumentar la productividad de la misma, las ventas aumentarán. Se podrán entregar los productos al mercado en un menor espacio de tiempo a la vez que el coste de cada producto se verá reducido. Como consecuencia es de esperar, bajo las mismas condiciones de contorno, mayor demanda del producto para lo que será necesario contratar nuevos trabajadores.

Pero es más, las consecuencias de no realizar esta inversión en mejorar la productividad pueden ser nefastas puesto que si algún otro competidor sí las realiza, esto tendría un impacto muy negativo en el nivel de ventas y por tanto de beneficios. Al venderse menor número de unidades, ¡también sería prescindible un trabajador!

Así mismo, desde el punto de vista de los empleados de la empresa, posiblemente pudieran acceder a mejores condiciones laborales aquellos que trabajan en la empresa más eficiente y con mayor productividad, puesto que se encontraría en crecimiento. Por el contrario, aquellos que se encontraran en la empresa que está viendo como su nivel de ventas caen, podrían sufrir ajustes fruto de acciones que buscaran solucionar el problema.

Desgraciadamente cuando las cosas van mal y mientras se ponen en marcha medidas que permitan solucionar los problemas en que se encuentra una empresa, la solución inmediata es la reducción de costes y por tanto "apretarse el cinturón". Y esto afecta a todas las partes de la empresa, empezando por los empleados que, después de todo, no dejan de ser el eslabón más débil.

Indudablemente existen muchos y distintos factores que determinan las condiciones laborales de los trabajadores de una empresa y el ejemplo anterior está simplificándolas enormemente. Sin embargo y puesto que resulta evidente que la bonanza de las cuentas de una empresa es uno de los factores a tener en cuenta, el ejemplo es válido puesto que nos permite ver la relación directa entre dichas condiciones y este factor.

La visión de algunos empresarios es, desafortunadamente, también cortoplacista. Con el objeto de obtener mayores beneficios hacen uso de todas las herramientas a su alcance para contener las mejoras de las condiciones laborales de sus empleados. La realidad es, no obstante, que allí donde las condiciones laborales son mejores la productividad es más alta.

La productividad de los trabajadores está íntimamente ligada al sentimiento de identidad con la empresa. Si bien la relación con el jefe inmediato es el principal factor que afecta al nivel de satisfacción de una persona en su puesto de trabajo, existen otros factores más ligados a las políticas de recursos humanos que tienen también un impacto significativo. Las políticas de recursos humanos, bien directamente en forma de salarios, bien indirectamente en forma de beneficios sociales, son el resultado del nivel de inversión de la compañía en sus trabajadores. De igual forma, es fruto de la política de la compañía el entorno cultural de la misma. No es objeto de este ensayo profundizar en las distintas políticas de recursos humanos posibles que favorecen la identificación del empleado con la empresa. Sin embargo, sí que es importante resaltar el nexo de unión entre este, la inversión realizada en los trabajadores y la productividad de los mismos.

Podemos concluir que, si bien la relación entre la inversión en recursos humanos y la productividad no es lineal puesto que dicha relación depende de la distribución de esta inversión según las distintas situaciones de cada empresa, su entorno laboral, el entorno laboral de la competencia y las políticas sociales aplicadas, siempre existe una relación directa entre ambas.

Al igual que en el apartado anterior en este caso podemos extrapolar al nivel de país algunas de las conclusiones obtenidas para el mundo de la empresa.

El gobierno de un país debe velar porque las condiciones del mercado laboral sean óptimas. Tanto para los trabajadores como para las empresas que allí se establezcan favoreciendo la competitividad. Esta situación óptima debe favorecer varios puntos clave.

En primer lugar debe garantizar que se respetan y defienden los derechos de los trabajadores y que el marco regulatorio permite una relación justa que beneficie tanto unas como a otros sin olvidar que el empleado es siempre la parte más débil de la cadena.

Un mercado laboral correctamente regulado favorecerá el sentimiento de identidad de los trabajadores, no ya con la empresa sino con el país. Por ejemplo, allí donde la gestión de los impuestos sea adecuada de forma que se optimice el uso que se hace de ellos proveyendo, por ejemplo, más beneficios sociales, el sentimiento de identidad con el país será mayor. Indirectamente estará también favoreciendo un aumento de la competitividad en virtud de la misma relación entre ambos parámetros que explicábamos cuando hablábamos de las empresas. Como consecuencia se verán favorecidas las inversiones en el país. A mayor competitividad, mayores posibilidades de ser elegido por empresas extranjeras para establecer sus unidades productivas.

Pero, ¿qué significa correctamente regulado? De nuevo una cuestión cuya respuesta no resulta fácil. No existe una única regulación correcta. Cada coyuntura internacional y cada mercado laboral en particular tienen necesidades diferentes. Reduciéndolo a un ejemplo sencillo, no serán las mismas las necesidades de un país cuya industria es principalmente agrícola que las de un país con una industria basada en los servicios. La cualificación requerida será distinta, los tipos de contrato será distinto, los beneficios sociales serán distintos…

Nótese que por necesidades en el ámbito laboral entendemos toda una serie de parámetros de diversa índole tales como formación de los trabajadores, flexibilidad en la contratación, flexibilidad en la rotación, prestaciones por desempleo, etc.

Es pues fundamental que cada gobierno adapte en cada momento la legislación laboral a las necesidades particulares de los distintos tipos de industria presentes en el país.

Últimamente, uno de los términos más polémicos en este ámbito ha sido la "Flexibilidad Laboral". Durante la actual crisis se acusaba a países como España de no haber adaptado a tiempo su legislación para hacer su mercado laboral lo más flexible posible y, así, adaptarse a las necesidades impuestas en este periodo de contracción.

En muchas ocasiones, no obstante, se simplifica en demasía el término flexibilidad laboral hasta el punto que parece que simplemente quiere decir despidos más baratos cuando en la realidad el término debe contemplar infinidad de puntos más allá del coste de despedir a un trabajador.

Si tuviéramos que elegir un término para definir cómo debiera ser el mercado laboral, este sería "dinámico".

Dinámico quiere decir que tenga, tanto a nivel de empresa como a nivel de trabajador, la suficiente capacidad de adaptación a los distintos retos que el entorno económico nos imponga sin que ello suponga detrimento de la calidad de vida. Es importante remarcar que este dinamismo se verá condicionado, además de por la regulación, por las costumbres del país.

Veamos varias cualidades que lo caracterizan.

Un mercado dinámico debe facilitar la rotación. Es decir, la facilidad para cambiar de trabajo. El cambio de trabajo no tiene que venir dado por la pérdida del puesto anterior sino que más bien debe ser la evolución natural del trabajador en su carrera profesional. Permanecer toda la vida en un mismo puesto laboral resulta cómodo. Con el paso de los años la seguridad de encontrarnos en un entorno conocido - la empresa, su cultura y políticas laborales, etc. -, hace que cada vez los trabajadores estén menos preparados para afrontar el reto del cambio. Adicionalmente, en este tipo de mercados más estáticos la experiencia suele verse gratificada en los salarios (pagos por trienios, quinquenios) si que sea necesaria una aportación de mayor valor en el trabajo lo que se traduce en una pérdida directa de competitividad. Los incrementos salariales reales deben venir de la mano de nuevas responsabilidades o taras más complejas.

En el medio plazo, esta situación acomodada puede suponer un problema para los trabajadores que dejan de estar preparados para un cambio que, en su vida laboral, antes o después va a ser imprescindible.

Por ejemplo, cuando se da una oportunidad de promoción. Por sorprendente que pueda parecer son numerosos los casos en los que un trabajador rechaza una promoción en beneficio de una posición supuestamente más acomodada. Una promoción debería suponer, ante todo, un reto para el trabajador para aumentar su productividad particular: al asumir mayor responsabilidad o pasar a desempeñar tareas más complejas obtiene mayor retribución maximizando los beneficios obtenidos de su trabajo. La formación juega un papel muy importante a la hora de incentivar actitudes proclives a aceptar este tipo de retos. Esta formación va más allá de la puramente profesional o académica y debe estar asociada a desarrollar las capacidades que el trabajador necesita para desempeñar su trabajo. Estamos hablando de la formación y el desarrollo de aptitudes que debemos adquirir a lo largo de toda nuestra vida. De igual forma, el entorno socio-cultural juega un papel fundamental. ¿Qué sentido tiene, por ejemplo, el esfuerzo y el sacrificio que supone un nuevo reto en un entorno que favorece los pelotazos y el enriquecimiento fácil? Si bien a nadie amarga un dulce y a cualquiera le agrada un pelotazo que le permita vivir el resto de sus días, la realidad es que no existen oportunidades de este tipo para todos los ciudadanos de un país y el fomento de los mismos trae consigo, en el medio plazo, la mala distribución de la riqueza.

Otros ejemplos más graves se producen cuando las circunstancias económicas de un determinado sector hacen que la industria del país deje de ser competitiva. Ejemplos de este estilo podemos ver a diario en muchos países Europeos en sectores tales como la extracción de carbón o la fabricación de barcos. Obviamente, para alguien que haya desempeñado un determinado tipo de trabajo durante veinte años en alguno de estos sectores resulta muy difícil aceptar el reto del cambio. Cuando las presiones competitivas acaban imponiendo reestructuraciones, estas personas se convierten en claros candidatos a ser parados de larga duración. Es por tanto el gobierno el encargado de fomentar las políticas que faciliten la rotación, casi siempre, de la mano de la formación continua y un entorno socio cultural dónde se favorezca el cambio. El gobierno debe además vigilar la evolución de la industria de forma que cuando sea imposible sostener un sector, dada la imposibilidad de hacerlo competitivo, existan los medios necesarios, bien para que este evolucione, bien para que los trabajadores cambien de sector.

El sector automovilístico europeo, por ejemplo, sufrió el reto de los fabricantes japoneses durante la segunda mitad del siglo XX. Las empresas del sector supieron adaptarse. Esta adaptación vino de la mano de, por un lado, la especialización en distintos nichos de mercado (por ejemplo el diseño, como fue el caso de algunos fabricantes italianos y alemanes), por otro, de la alta especialización de los trabajadores con el consiguiente aumento de la productividad para lo que fue necesaria la labor facilitadora de los distintos gobiernos tanto a nivel de formación como a nivel de legislación (como fue el caso de los gobiernos francés, español o alemán)

Otros sectores, como el naval, son un ejemplo de una adaptación limitada. La especialización en determinados tipos de barcos (como es el caso de la industria española y británica) no fue suficiente para competir en entornos internacionales sosteniendo una industria del mismo tamaño que la existente en los años 60 y 70.

Finalmente, en algunos sectores como la extracción de carbón, las empresas europeas no han sido capaces de encontrar su lugar al ser imposible alcanzar los niveles de productividad de otros países como China con prácticas productivas mucho menos exigentes.

En casos como estos en los que un país deja de ser competitivo en un sector, el gobierno debe combinar las subvenciones, estructuradas durante un periodo de tiempo que permitan la subsistencia del mismo, con la formación y la gestión de la transición de los trabajadores desde este sector hacia otros más competitivos. Obviamente, es necesaria la existencia de otros sectores. Los incentivos del gobierno hacia la iniciativa emprendedora y las inversiones internacionales facilitarán la existencia de éstos. El reto, en estos casos, viene de la mano del tiempo necesario para que se produzca esta transición que normalmente, dada la presión financiera y, sobre todo, política, suele ser escaso.

Estos últimos párrafos nos devuelven al comienzo de este apartado: la ética. Es indudable que en algunos casos la imposibilidad de ser competitivo en determinado sector viene dada por las distintas varas de medir que se aplican a una misma industria en distintos países. Por ejemplo, los requerimientos de seguridad para el personal en la extracción de carbón es una de las causas de que países como China sean más competitivos que otros en Europa en este tipo de labores. En estos casos debemos tener claro que la ética debe estar por encima de los intereses económicos. En el ejemplo anterior la seguridad de los trabajadores es la que debe primar aun a sabiendas de que esto suponga el fin de una industria. Como mencionábamos más arriba, la mejora de la competitividad no debe en ningún caso producirse en detrimento de la calidad de vida y los derechos sociales. Existen, no obstante, otros medios al alcance de los gobiernos para defender los intereses de sus industrias; desde políticas arancelarias que ya hemos comentado en este ensayo hasta acciones diplomáticas que protejan un determinado mercado (por ejemplo la Unión Europea puede vetar las ventas de determinados productos si no han sido producidos de acuerdo con ciertos criterios de calidad, seguridad, etc.) La imposición de este tipo de restricciones a las grandes multinacionales favorece que están implanten las medidas adecuadas allí dónde tengan sus unidades de producción independientemente de que estas vayan más allá de los mínimos requeridos por el país dónde se encuentren establecidas.

Muy ligada con la rotación de la que veníamos hablando está otra característica fundamental del mercado laboral dinámico: la facilidad de traslado.

Una característica del mercado laboral americano siempre ha sido la facilidad con la que sus ciudadanos aceptan un cambio de vida en pro de un mejor trabajo. Algo que en Europa está muy ligado a la necesidad, allí se contempla como algo natural.

Existe un factor cultural muy importante en este punto que es la familia. En los países de origen anglosajón la emancipación de los hijos se produce antes que en países como España o Italia. Adicionalmente, los lazos familiares en estos últimos suelen ser más estrechos en el sentido que necesitan mayor frecuencia de contacto. Finalmente, las culturas latinas suelen estar muy arraigadas en la comunidad al desarrollarse las actividades de divertimento fuera del hogar.

El clima juega también un papel importante a la hora de condicionar las conductas y costumbres. En aquellos países donde el clima sea más cálido suele haber una tendencia a socializar fuera de casa mucho mayor que en aquellos en los que el tiempo es más inclemente. La socialización fuera del hogar supone en la práctica un mayor arraigo en la comunidad, algo que se puede convertir en una barrera al afrontar un traslado por causas exclusivamente laborales.

Sin entrar a realizar un análisis exhaustivo del nivel de influencia que las culturas y el clima tienen sobre la proclividad de las personas a desplazarse para conseguir un trabajo o simplemente un trabajo mejor y dando por sentado que esta existe, es importante que el gobierno de un país disponga las condiciones adecuadas para que el desplazamiento sea fácil.

En efecto, la movilidad geográfica no solo supone el desplazamiento del trabajador sino, usualmente, el desplazamiento de su familia lo que trae consigo la búsqueda de trabajo para otros miembros de la unidad familiar, la venta de la vivienda habitual y la compra o alquiler de una nueva, la búsqueda de colegios para los niños, etc. En algunos países pueden llegarse a dar incluso diferentes fiscalidades según la región en la que se resida y pueden darse dificultades burocráticas para el acceso a servicios públicos esenciales como la sanidad o la educación. Este tipo de barreras, además de ser cuestionables desde un punto de vista ético puesto que suponen diferencias entre los ciudadanos de distintas regiones de un mismo país, imponen rigidez a la movilidad geográfica que, como hemos dicho, es fundamental para conseguir un mercado dinámico.

Siguiendo con el análisis de las características de un mercado laboral dinámico, este debe ser también flexible a la hora de adaptar las aptitudes y capacidades de sus miembros a las necesidades de la industria. Estas están constantemente en evolución y por tanto la formación debería ser continua. Hubo una época en la que aprender determinada tecnología era garantía de un trabajo para toda la vida. Una vez se implantaban determinados sistemas en la fabricación, por poner un ejemplo, esta permanecía vigente durante años. Hoy en día, sin embargo, los ciclos de vida tecnológicos son mucho más cortos y es por ello que la formación continua resulta imprescindible.

Adicionalmente, la educación secundaria, los ciclos de formación y la universidad deben estar vinculados al mundo empresarial de forma que se garantice su permanente actualización pues este es el requisito fundamental para que la adquisición de formación y conocimientos está alineada con las necesidades del mercado y los nuevos graduados en cualquier disciplina tengan las capacidades que sus futuros contratistas están esperando.

Esta vinculación debería ser continua puesto que, como decíamos, una vez un ciudadano comienza su vida laboral, la formación debe ser continua como parte del proceso de adaptación al mercado que está continuamente evolucionando.

Las empresas deben, conjuntamente, participar en este proceso. En muchas ocasiones se percibe la formación exclusivamente como un beneficio para el trabajador y se cuestiona el rédito que esta trae para la empresa. Sin embargo, siempre será al final la empresa la que se beneficie de la cualificación de sus empleados.

Es pues fundamental la colaboración entre gobierno, instituciones educativas y empresas para definir planes de formación conjuntos que permitan hacer una economía más competitiva.

La formación de los ciudadanos se ha convertido en un elemento intangible pero de gran valor a la hora de medir la competitividad de un país. En algunos casos, ante la falta de suficientes trabajadores con la formación adecuada, algunos países definen políticas de fomento a la inmigración de personas con alta cualificación de forma que se pueda proveer al mercado local de trabajadores con las capacidades adecuadas. Es el caso, por ejemplo, de Gran Bretaña, que durante los últimos años ha estado facilitando la inmigración de profesionales médicos (doctores y enfermeros) o Alemania, que también en los últimos años ha estado facilitando la inmigración de profesionales técnicos (ingenieros).

Por el contrario, la incapacidad de un país para proveer de una salida laboral digna a sus trabajadores puede derivar en la emigración. Esta es especialmente dramática no solo para estos trabajadores que tienen que estar preparados para un cambio importante en su vida (lejanía de sus familiares, desarraigo en un país distinto al suyo, dificultades con el idioma…) sino también para el país que pierde a trabajadores cualificados que antes o después serán necesarios. Esto, por supuesto, sin contar con el coste de formación que la capacitación adquirida por estos trabajadores ha supuesto para el país.

Para terminar con las características de un mercado dinámico, llegamos a la siempre controvertida flexibilidad para la contratación y el despido de la que ya hemos hablado antes. ¿Qué es mejor?, ¿un sistema semejante al existente en EEUU que permite el despido prácticamente sin ningún tipo de protección o indemnización para el trabajador o un sistema, semejante a los existentes en la mayoría de los países europeos que disponen indemnizaciones y protecciones para aquellos trabajadores que son despedidos?

De nuevo la respuesta no resulta fácil.

Un sistema que minimiza las indemnizaciones a los trabajadores despedidos provee de la flexibilidad necesaria a las empresas para adaptar en cada momento su plantilla a la demanda del mercado permitiéndoles ser extremadamente competitivos. Sin embargo, si el mercado no es lo suficientemente flexible como para garantizar que en un periodo de tiempo asumible los trabajadores despedidos encuentran un nuevo puesto de trabajo, algo que por supuesto no se puede asegurar, los ciudadanos podrían verse en una situación comprometida, algo que conlleva no solo el deterioro de la calidad de vida de las personas afectadas sino también la caída de la demanda interna del país (al haber menos recursos se reducen los gastos).

Por otro lado, un sistema que garantiza indemnizaciones a los trabajadores despedidos provee de la seguridad necesaria a los perjudicados por una situación de contracción del mercado. Sin embargo puede ser la causa de que una empresa acabe cerrando resultando peor el remedio que la enfermedad. Viéndolo con un ejemplo; ante una caída de la demanda una empresa se ve obligada a reducir su plantilla de 5 a 4 trabajadores para seguir subsistiendo hasta que las condiciones del mercado vuelvan a repuntar en cuyo momento podrían volver a contratar nuevos trabajadores para hacer frente a la demanda. Sin embargo, si las indemnizaciones por despido fueran muy altas, estas empresas podrían verse en la situación de no tener dinero suficiente para hacer frente a los mismos. Como consecuencia, mes a mes tendrían que hacer frente a los costes de mantener a los 5 trabajadores en plantilla aun necesitando solamente 4. Si esta situación se prolonga en el tiempo, podría suponer la quiebra de la empresa y que los 5 trabajadores perdieran su puesto de trabajo.

Como vemos, ambas situaciones tienen sus pros y sus contras y no resulta fácil encontrar una solución óptima.

En este punto en concreto, la productividad parece reñida con la protección de los trabajadores. Vamos a ver, sin embargo, que la realidad no tiene por qué ser así y que existen puntos de consenso. La situación óptima se daría en un país que regulara ciertas protecciones para los trabajadores despedidos garantizando ayudas durante el proceso de búsqueda de trabajo pero en el que estas medidas de protección no supusieran un coste desmesurado para las empresas que se encontraran en dificultades.

Este punto medio debería garantizar que las indemnizaciones sirven de ayuda al trabajador en el tiempo de búsqueda de un nuevo empleo pero sin suponer un colchón que permita al trabajador prescindir de su trabajo durante un periodo de tiempo evitando que pueda optar por postergar la búsqueda. Desde un punto de vista ético, parece lógico que en un entorno económico complicado todos arrimemos el hombro y, por tanto, el trabajador también haga el máximo esfuerzo por volver a encontrar una colocación en el menor tiempo posible. Aún hoy en día, en algunos países del sur de Europa la regulación laboral es tan proteccionista que algunos parados pueden pasar meses o incluso algo más de un año sin preocuparse de buscar trabajo puesto que sus necesidades están cubiertas con las indemnizaciones recibidas al ser despedido.

A su vez este punto medio debería garantizar que los costes del despido no son tan bajos que una empresa pueda despedir a los trabajadores sin motivo alguno. De esta manera, las actitudes de empresarios poco éticos en la gestión de sus empleados tendrían una penalización económica. Esta sin embargo, no debería ser tan alta que supusiera una penalización importante para la productividad en los casos de contracciones severas del mercado.

Si intentamos identificar cual ese punto medio probablemente llenaríamos páginas sin llegar a una clara conclusión puesto que éste dependerá de las circunstancias concretas de cada país además de variar con el tiempo.

Sin embargo, existen algunas opciones que deberían ser tenidas en cuenta con el objeto de flexibilizar el modelo en beneficio de la productividad, las empresas y los trabajadores.

Por un lado la flexibilidad salarial: en situaciones en las que una empresa se encuentre transitoriamente en números rojos deberían ser viables fórmulas que permitieran la reducción salarial temporal para el conjunto de los trabajadores con el objeto de afrontar periodos de contracción. La vigencia de este tipo de medidas debería estar   estipulada, limitada y ligada a la aplicación de un plan de contingencia que permita asegurar la viabilidad futura de la empresa.

En segundo lugar la variabilidad de las indemnizaciones por despido; esta debería ser proporcional, por un lado a los recursos propios de los que disponga una empresa e inversamente proporcional a su nivel de endeudamiento. Las indemnizaciones deberían ser mayores para aquellas empresas con resultados de explotación positivos.

Finalmente, las indemnizaciones deberían ser inversamente proporcionales a la inversión desarrollada por la empresa determinada por diversos parámetros tales como aumento de la inversión en investigación y desarrollo, aumento en la inversión en nuevas unidades de producción, etc. Por ejemplo, si una empresa aumenta su inversión in I+D, de alguna forma está demostrando su esfuerzo en la búsqueda de nuevas áreas de negocio que traigan riqueza al país o de nuevos productos que permitan mejorar su competitividad en el mercado. Es desgraciadamente bastante común que en épocas de contracción las empresas reduzcan sus inversiones en I+D cuando realmente deberían aumentarlas puesto que son una de las mejores herramientas para generar nuevas áreas de negocio o para ganar competitividad permitiendo superar exitosamente las crisis.

Uno de los argumentos más extendidos en tiempos de crisis en países con una situación crítica es que, puesto que no son competitivos, es necesario bajar los salarios drásticamente y de forma generalizada. Tomando un ejemplo concreto, en el año 2011 era común escuchar que en España los salarios deberían de descender un 25% para conseguir que el país fuera competitivo.

La siguiente tabla muestra los datos de productividad por persona empleada en los distintos países de la Unión Europea en 2011 (fuente: Eurostat):

	2015	2016	2017	2018	2019
EU 28	100,4	100,2	100,1	100,0	99,9
Alemania	105,2	105,9	106,0	105,1	103,6
Austria	117,3	117,6	115,8	116,5	115,5
Belgica	131,6	130,7	129,2	129,2	129,1
Bulgaria	44,6	45,7	45,9	47,1	48,6
Chipre	85,2	87,4	85,7	85,3	83,7
Croacia	72,2	73,6	73,2	72,7	72,1
Dinamarca	114,9	114,8	116,9	116,7	116,9
Eslovaquia	83,5	77,0	75,5	76,2	76,2
Eslovenia	80,6	80,9	81,6	82,1	81,9
España	102,2	101,8	101,4	99,6	98,2
Estonia	72,4	73,8	74,3	76,7	78,7
Finlandia	107,6	108,1	108,9	107,9	106,6
Francia	115,8	115,3	114,6	115,3	116,7
Grecia	83,5	81,5	80,5	80,5	78,5
Hungria	71,3	67,9	68,3	70,0	71,6
Irlanda	188,7	181,8	188,8	195,1	196,9
Italia	106,6	108,1	107,3	106,4	104,9
Letonia	64,8	65,5	67,0	68,6	68,7
Lituania	72,8	71,7	74,9	76,0	77,5
Luxemburgo	169,7	170,8	165,7	164,6	162,0
Malta	98,6	97,5	96,5	94,4	93,5
Países Bajos	112,8	110,5	110,4	109,8	108,0
Polonia	74,5	74,1	74,8	76,7	80,1
Portugal	78,3	77,9	75,6	75,1	76,1
Reino Unido	103,3	101,2	100,8	100,0	99,5
Republica Checa	80,5	80,4	82,3	83,8	85,3
Rumanía	58,6	62,9	66,0	68,7	72,6
Suecia	116,7	113,4	112,7	111,6	112,2

Con datos de Cuentas económicas y de Eurostat (09-10-2020)

Como se puede observar, España se encuentra al mismo nivel que países como Italia o Reino Unido.

Estos simples números nos llevan a la rápida conclusión de que la productividad de un país no depende solamente del salario medio de sus ciudadanos. Como hemos visto en el capítulo primero, son muchos los factores que influyen en la productividad.. De ahí que un país como España pueda tener ratios de productividad menores que otros países europeos teniendo sin embargo un ratio de productividad por persona trabajada equivalente o incluso mayor a la de sus vecinos.

Lo cierto es que la bajada de salarios desde luego contribuye a aumentar la productividad y es uno de los parámetros sobre los que resulta más fácil actuar y dónde los resultados son más inmediatos.

Sin embargo, resulta muy poco ético pedir a los ciudadanos de un país que realicen el sacrificio que supone asumir la reducción salarial cuando no se ha actuado ni se actúa sobre otros parámetros que igualmente tienen un impacto sobre la productividad pero cuyo efecto se puede ver dilatado en el tiempo.

Tras llegar hasta este punto y habiendo visto la relación entre ética y productividad desde distintos ángulos es justo concluir diciendo que el elemento fundamental en la conciliación de ambos términos es el esfuerzo. A la cultura del esfuerzo y su impacto en la productividad dedicaremos un capítulo más adelante.

La medida de la productividad mide inputs y no outputs

Medir la productividad resulta tremendamente complicado. Las medidas deben ser lo más objetivas posible; es decir, deben ser hechas de acuerdo con parámetros que puedan ser medidos de forma sencilla y comparable. Sin embargo, en muchos casos estos parámetros muestran el esfuerzo realizado en mejorar algo que puede ser determinante para la medida de la productividad pero no da visibilidad del beneficio que ese esfuerzo trae realmente.

Veamos con un ejemplo lo que queremos decir. Imaginemos que queremos determinar el apoyo que dan las instituciones de un país a los emprendedores para la creación de nuevas empresas. Para ello analizamos la inversión realizada en subvenciones y créditos a nuevas empresas. Es un valor objetivo y fácil de medir. A priori podríamos decir que allí dónde este parámetro sea mayor, más recursos tendrán las nuevas empresas y por tanto más competitivas serán. Sin embargo, esta medida en sí misma no deja de ser estimativa puesto que no nos proporciona visibilidad sobre el uso que los emprendedores y las nuevas empresas hacen de los medios que se les proporciona. En muchos casos, simplemente porque las entidades que conceden estas subvenciones no realizan control alguno sobre dicho uso haciendo imposible que cualquier parámetro de medida pueda aplicarse.

Así, podría darse el caso de que allí dónde se destina más capital se hace un uso menos eficiente del mismo por no existir control. No basta pues con destinar un capital a subvencionar la creación de empresas sino que es necesario establecer medidas de control que garanticen que este capital se destina a aquellos emprendedores que tienen un proyecto sólido respaldado por un plan de negocio detallado y que cuentan con el conocimiento y la capacidad adecuada. Más aún, no es lo mismo crear una empresa en un sector en el que el país tiene conocimientos y capacidades que en otro totalmente ajeno. Cada uno tiene sus ventajas e inconvenientes y, dependiendo de la estrategia y objetivos del país, puede ser más conveniente apostar por unas o por otras.

De hecho, la misma inversión puede tener resultados distintos en cada país dependiendo de las condiciones de contorno económico. Por ejemplo, en el caso de una inversión en infraestructuras, por ejemplo en una carretera que comunique dos puntos neurálgicos – por ejemplo las dos ciudades más importantes del país – no es lo mismo hacerlo en un país donde estas ciudades ya están comunicadas por carretera avión y ferrocarril y se trata de una ampliación para adaptarse a la demanda que hacerlo en otro lugar en el que no existe otro medio de transporte y la carretera existente están en condiciones precarias.

Pero como decimos, en muchos casos estas iniciativas no están en marcha con lo que resulta imposible poder medir en base a ellas. Más aún, aunque estuvieran en marcha en algunos países y en otros no, puesto que la competitividad es una medida relativa, no podríamos usarlas para comparar unos países con otros.

Así pues, si bien las medidas de la competitividad nos dan una referencia muy relevante a la hora de analizar el caso de cada país, no pueden tomarse como medidas absolutas sino más bien orientativas. Cualquier análisis de un aspecto determinado de la competitividad debe hacerse con un mayor nivel de detalle y respondiendo al interés particular en cada caso.

¿Qué Factores fomentan la Productividad?

Siempre resulta difícil aplicar aquello del "no dejes para mañana lo que puedas hacer hoy", especialmente cuando las cosas van bien y no parece haber motivo por el que preocuparse. Es por ello que, desgraciadamente, no solemos mirar a la productividad con buenos ojos.

La productividad es el farolillo rojo que, si no alcanza valores competitivos, nos recuerda que, aunque las cosas vayan bien, habría que ponerse manos a la obra para implementar los cambios que nos permitan estar preparados cuando las condiciones de contorno sean mejores. Pero como decimos, esto no es fácil.

No obstante, no podemos olvidar que aun en un mercado creciente, con una situación de bonanza económica, en el que el nivel de ventas sea alto y tenga márgenes razonables, el hecho de no ser competitivo implica la pérdida de cuota de mercado y el deterioro de los márgenes.

Aún a sabiendas de todo lo anterior, en la mayoría de los casos las mejoras de la productividad no ocurren espontáneamente como resultado de la responsabilidad para con su negocio de los directivos sino que vienen de la mano de distintos factores externos que, de una u otra forma, determinan una serie de requisitos que acaban dirigiendo las medidas que la empresa debe implantar.

En este capítulo analizaremos algunos de estos factores.

El Mercado

En muchos casos resulta ser el propio mercado el que empuja a una empresa o un país a realizar las mejoras necesarias que redunden en una optimización de la capacidad productiva. Y por ende en una mejora de la productividad.

El mercado evoluciona como resultado de la combinación de tres factores principales: la demanda por parte de los clientes y consumidores de nuevos y más innovadores productos, la evolución de la demanda en sí misma y la búsqueda por parte de las empresas de ventajas competitivas que les permitan diferenciarse frente a sus competidores.

El primero de estos puntos, la demanda de nuevos productos, es de especial relevancia. Las necesidades de los clientes y consumidores varían con el tiempo. Los productos que hoy son demandados mañana pueden caer en el olvido mientras otros ocupan su lugar.

Lo más reseñable de este factor es que todos los ciudadanos contribuimos a ello. La decisión final de comprar un determinado producto u otro es nuestra. Y la suma de las decisiones de todos los individuos es la que crea las tendencias en el mercado. Y su consecuencia es ni más ni menos que la demanda de un tipo de productos u otros.

Los fabricantes deben estar continuamente reinventándose creando aquellos productos que van a ser demandados.

Llegado este punto podríamos preguntarnos, ¿qué tiene que ver esto con la productividad? Después de todo estamos hablando de innovación, de marketing, de modas..., elementos todos ellos relevantes en la estrategia empresarial pero que a priori no parecen tener nada que ver con la productividad.

Sin embargo, nada más lejos de lo contrario. Una de las características principales de un producto debe ser precisamente que sea competitivo. Puede ser que todos los potenciales clientes estén dispuestos a comprar, por ejemplo, un teléfono móvil; pero si este tiene un precio desorbitado que resulta inalcanzable para la mayoría, serán muy pocos los que, finalmente, hagan realidad la compra.

A la hora de fijar los precios de un producto existen dos métodos fundamentales y de alguna manera relacionados entre sí.

El primero de ellos consiste en fijar el precio partiendo de los costes. Es decir, analizamos cuanto nos cuesta producir una unidad de producto considerando tanto los costes directos como los indirectos y le añadimos el margen que queremos ganar.

El segundo de ellos consiste en fijar el precio partiendo de lo que el mercado está dispuesto a pagar. Es decir la estructura de costes se ajusta a posteriori en función de lo que los clientes quieren pagar por el producto adquirido.

El método más correcto sería una combinación de ambos. Es decir, empezar con el segundo para ofrecer los productos al precio esperado por los clientes y comprobar con el primero que nuestra estructura de costes nos permite obtener márgenes razonables a ese precio.

Hecho este análisis podemos encontrarnos en distintas situaciones.

Puede ser que los clientes estén dispuestos a pagar un precio muy ajustado por el producto con lo que para poder llegar a este necesitemos una estructura de costes enormemente competitiva. En este caso serán fundamentales los cambios que implementemos para optimizar nuestra estructura productiva y ser, por tanto, más competitivos. Nos encontramos pues en la situación en la que el mercado, fijando un precio bajo y ajustado, estará empujando a la empresa a tomar las medidas necesarias para ser más competitiva.

Pero puede ser también que los clientes estén dispuestos a pagar un precio más alto y que no tengamos una presión tan evidente sobre nuestra estructura de costes productivos. Esta situación se produce, por ejemplo, en los productos de lujo en los que el precio en sí mismo no es un diferenciador y si lo son otros factores como la calidad o la imagen de marca. Será por tanto clave la inversión que la empresa haga en esos factores. Aunque parezca que la inversión en productividad deja de ser relevante en este supuesto, no es así en realidad. En primer lugar porque optimizar la productividad reduciendo los costes de producción permitirá más margen en nuestra estructura de costes para invertir en otros factores como los comentados. En segundo lugar porque factores menos tangibles como la calidad o la imagen de marca también tienen una productividad asociada. Por ejemplo, el resultado de una campaña de marketing puede ser totalmente distinto dependiendo del medio utilizado teniendo a su vez costes diferentes. No necesariamente por invertir en medios más costosos se obtienen mejores resultados.

El segundo elemento fundamental que define el mercado es la evolución de la demanda. Más allá de las cuotas de mercado que pueden variar según las más o menos acertadas estrategias de las distintas empresas, el volumen de ventas puede variar de acuerdo con las condiciones económicas y de contorno. Es decir, si por ejemplo nos encontramos en un mercado en recesión con caídas de la confianza y aumento del paro, lo más probable es que la demanda caiga (aunque es cierto que en estos entornos hay productos cuya demanda aumenta precisamente).

Ser competitivo necesariamente significa tener la flexibilidad para adaptarse a las fluctuaciones de la demanda que vienen determinados por la situación global del mercado. Este es uno de los elementos más difíciles de gestionar. Cuando se produce un incremento de la demanda necesitamos realizar una serie de inversiones que permitan adaptar rápidamente la capacidad productiva de la empresa. Esto puede suponer tanto inversiones en tecnología, maquinaria, etc., como la contratación de personas, entre otras cosas. Existen en la industria medios para flexibilizar estas inversiones. De esta forma se reduce la demanda de recursos económicos para afrontar estos retos y se minimiza el riesgo asumido para el caso de que la demanda vuelva a caer. Por ejemplo, para el caso de las inversiones en tecnología o maquinaria existen modelos como pueden ser el renting, el leasing o el alquiler. Para el caso de las industrias más intensivas en mano de obra también existen modelos como por ejemplo la externalización de la que hablaremos más adelante en este ensayo. Igualmente, la flexibilidad del mercado laboral, de la que hablábamos en el capítulo anterior, es un elemento diferenciador a la hora de tener la opción de adaptar la capacidad productiva a la evolución de la demanda.

Finalmente, el tercer elemento fundamental que define el mercado viene de la mano de los competidores. Son estos los que con la búsqueda continua de nuevas soluciones, nuevos procesos, nuevas herramientas, etc., mejoran su productividad forzando a nuestra compañía a hacer lo propio para no quedarse atrás en la carrera por atraer a los clientes. El hecho de adquirir ventaja en la productividad frente a los competidores, usada correctamente, puede ser un diferenciador clave en la guerra por mejorar nuestras cuotas de mercado.

Extrapolar estos factores al entorno país no resulta sencillo puesto que el paralelismo no es ni mucho menos tan evidente. Sin embargo, no por ello deja de existir.

Podríamos decir que en el caso de un país sus clientes son los grandes inversores y empresas internacionales que buscan lugares seguros y competitivos para su producción a la vez que nuevos mercados para sus productos. En general, cuanto más competitivo sea un país mayores serán las posibilidades de ser elegido por una multinacional para establecer en él sus centros productivos. Así mismo, al aumentar la competitividad, las economías domésticas aumentarán su capacidad de compra y por tanto se incrementará también la demanda interna.

De igual forma un país competitivo será más atractivo para inversores institucionales lo que facilitará la financiación del país a tasas de interés menores.

Finalmente, a la hora de elegir dónde invertir, cada país compite con los demás. La competitividad, como hemos visto, no se mide de forma absoluta sino que es un parámetro relativo medido por tanto en función del resto de países. De esta forma, no es tan importante ser competitivo como serlo más que los países competidores.

Tras esta corta reflexión, resulta evidente que, si bien el mercado, a priori, sigue su propio ritmo según los ciclos de la oferta y la demanda, es cierto también que, por liberalizado que esté, las políticas aplicadas por el gobierno de cada país influyen directamente en el mismo y pueden llegar a condicionar su comportamiento como hemos visto en algunos ejemplos a lo largo de este documento.

En general, las políticas aplicadas por el gobierno de un país deberían estar orientadas a la liberalización de los mercados dentro de un marco que permita crecer a las empresas nacionales y fomente las inversiones internacionales en el país.

La Internacionalización

Entendemos por internacionalización el proceso por el cual una empresa que desarrolla sus negocios en un país en concreto decide extender sus operaciones a otro u otros países con el objeto de crecer.

Vamos a considerar dentro de este término no solo a las empresas que nunca han salido de su país de origen y se plantean hacerlo por primera vez sino también a aquellas empresas que, si bien tienen presencia en varios países, deciden establecer operaciones en otros distintos donde no han estado antes.

La internacionalización supone un reto puesto que, en muchos casos, implica cambiar las reglas del juego y por tanto competir en condiciones distintas.

En primer lugar se encuentra el precio. El precio de venta que los clientes están dispuestos a pagar no tiene porqué ser el mismo en todos los países. Lo lógico es que se produzca una dependencia directa del poder adquisitivo de los potenciales compradores. Las implicaciones de algo tan evidente sobre el modelo de producción de una empresa pueden ser tales que conviertan la aventura exterior en un fracaso o, en su defecto, requieran un cambio completo en el modelo productivo.

Veamos un ejemplo. Imaginemos una empresa que tradicionalmente ha vendido sus productos en un solo país para el que ha desarrollado un modelo de producción razonablemente competitivo. Dicha empresa decide saltar a otro país en el que, sin embargo, el poder adquisitivo de sus potenciales clientes es el 50% que el del país original. Obviamente, los clientes pueden decidir que el producto es lo suficientemente innovador como para dedicar un mayor porcentaje de sus ingresos a comprarlo. Sin embargo, lo más normal será que el porcentaje que se dedique sea equivalente. En nuestro ejemplo vamos a suponer que si bien están dispuestos a pagar más porcentualmente, el precio supone sin embargo una reducción del 25% respecto al precio original en el país de origen. En estas circunstancias, el éxito de la internacionalización dependerá, entre otros muchos factores, de la capacidad de la empresa para mejorar su productividad para el nuevo país en niveles que le permitan ofrecer ese descuento esperado del 25%. Este aumento de la productividad puede venir dado por reducciones de costes propias de estar en un país más barato (por ejemplo porque los costes de distribución, marketing y ventas son menores) o puede requerir medidas específicas de mejora de la producción.

En el proceso de internacionalización, al intentar alcanzar mayores ratios de productividad en el país objetivo, se pueden descubrir medidas que sean aplicables al país de origen permitiéndonos mejorar aún más la productividad. No sólo habremos conseguido alcanzar el nivel de productividad mínimo requerido para entrar en el mercado del país objetivo sino que mejoraremos en el país de origen facilitando el aumento de las cuotas de mercado.

Sin quererlo hemos encontrado en la internacionalización un nuevo factor que puede impulsar la mejora de la productividad. Esto, que puede parecer difícil - ¿por qué íbamos a conseguir algo que no podíamos alcanzar cuando estábamos en un solo país? - no lo es tanto si tenemos en cuenta el cambio de las condiciones de contorno. Por ejemplo, al producir para varios países aumentará el volumen producido con lo que se obtienen mejoras evidentes: menores costes indirectos por unidad producida, descuentos por volumen en la compra de materia prima, variaciones en las tasas impositivas entre distintos países, etc.

En segundo lugar se encuentran los clientes. Los requisitos de cada usuario pueden ser distintos en cada país por múltiples motivos. Por ejemplo, los hábitos de comida varían sustancialmente de unos países a otros. No sólo en elementos simples como los horarios a los que se suele acudir a comer o cenar a un restaurante sino en el tipo de comida. Un ejemplo de éxito en este ámbito está en las cadenas de comida rápida tales como McDonalds o Burguer King. Si entramos en un restaurante de cualquiera de estas cadenas en distintos países, digamos por ejemplo Turquía, Japón y Alemania, encontraremos que el menú está ligeramente adaptado a los gustos locales. Este ejemplo es de vital importancia puesto que nos permite darnos cuenta de que incluso para empresas en las que su modelo competitivo depende enormemente de la estandarización de sus procesos, la internacionalización trae requisitos para realizar cambios, por mínimos que sean, que permitan adaptarse a la demanda.

En tercer lugar se encuentran, de nuevo, los competidores. Si bien nos encontramos en un entorno cada vez más globalizado en el que muchos competidores son globales, en muchos casos existen empresas locales cuya principal ventaja competitiva radica en su conocimiento del mercado local – clientes y competidores – y en la flexibilidad de su modelo de costes para adaptarse a las variaciones de la demanda en pequeña escala. Su pequeño tamaño les hace enormemente competitivos. La presencia de estos competidores puede suponer una situación totalmente distinta en un país o en otro. En muchos casos, estas empresas de pequeña escala tienen cuotas de mercado menores o poco significativas pero, sin embargo, sus ventajas competitivas influyen significativamente en el entorno nacional (porque son capaces de ofrecer menores precios, porque son capaces de contratar en el país fuerzas comerciales con aptitudes más adaptadas al mercado a atacar, etc.)

Analizar las condiciones del mercado local en el país en el que queramos establecer operaciones es prioritario para conseguir alcanzar el éxito.

La internacionalización brinda una oportunidad a los gobiernos para atraer la inversión extranjera hacia su país. Las condiciones favorables desde el punto de vista tanto de contorno económico como fiscal favorecen el dinamismo del mercado que, al final, es el que acaba atrayendo la inversión.

Una empresa tiene como objetivo principal maximizar sus ganancias. De esta forma se cubren las expectativas de los accionistas que han invertido en ella y que, de otra forma, buscarían inversiones alternativas privando a la empresa del capital necesario para operar. Es por ello que resulta importante para cualquier empresa minimizar los costes fiscales con el objeto de reducir el impacto sobre el beneficio.

Como consecuencia, podemos concluir que aquellos países con condiciones fiscales más favorables son mejor vistos por los inversores extranjeros y es por tanto uno de los factores a tener en cuenta a la hora de la internacionalización.

Sin embargo, los impuestos obtenidos a través de las tasas fiscales son fundamentales para sostener los ingresos del estado que son la base de las prestaciones sociales, servicios a los ciudadanos, etc. Y por tanto no resulta fácil ofrecer una legislación fiscal laxa que si bien puede favorecer inversiones internacionales reduce la capacidad operativa del gobierno del país.

La solución está en la puesta en marcha de políticas que, si bien faciliten la inversión con beneficios fiscales para los inversores extranjeros, también fomenten otros factores que garanticen los ingresos del estado (creación de empleo, inversión en infraestructuras, etc.)

Veámoslo con un ejemplo. Si bien dar condiciones fiscales ventajosas a un inversor extranjero que quiera establecer operaciones en nuestro país puede mermar los ingresos del estado, si ligamos la aplicación de estas condiciones a inversiones en infraestructuras, compras a proveedores nacionales o creación de empleo, estaremos indirectamente aumentando los ingresos. A fin de cuentas, la creación de empleo por un lado reduce los costes asociados al apoyo a los trabajadores en paro a la vez que aumenta los ingresos provenientes de los impuestos aplicados a las rentas del trabajo. De igual forma, las compras realizadas a proveedores locales fomenta el incremento de las ventas de estos proveedores que a la postre habrán de crear más empleos. Lo mismo ocurre también con las inversiones en infraestructuras (fábricas, por ejemplo), que significan creación de empleo y nuevos ingresos para el estado.

Sin embargo, la aplicación de este tipo de medidas vinculadas no debería hacerse de forma generalizada en cualquier sector puesto que el hecho de que una empresa extranjera obtenga beneficios frente a sus competidores nacionales puede suponer un desventaja competitiva para las empresas locales que redunde en destrucción de capacidad productiva y empleo. Es por ello que este tipo de medidas deberían poder aplicarse de forma sectorial teniendo en cuenta las condiciones de contorno de cada país en cada sector concreto.

Las medidas fiscales son quizás la herramienta más efectiva que tiene el gobierno para fomentar la inversión internacional. Otras medidas más directas, tales como la subvención directa o la reducción de aranceles, entre otros, presentan inconvenientes adicionales. Por ejemplo, las subvenciones directas normalmente suponen la disposición de presupuesto para su utilización previa a cualquier tipo de retribución futura y por tanto una carga para los presupuestos del estado. Comparativamente con los beneficios fiscales podemos decir que no es lo mismo gastar que dejar de ingresar.

Sin embargo, no podemos olvidar que el motivo fundamental por el que una empresa decide establecer operaciones, más allá de las meramente productivas, en un país se encuentra en el potencial de crecimiento que allí puede encontrar. Este potencial vendrá íntimamente ligado a la capacidad financiera de los ciudadanos del país. Obviamente, no se puede obtener un nivel de ventas elevado si el mercado objetivo no dispone del poder adquisitivo necesario. La labor gestora de un gobierno tiene su mejor reflejo en las condiciones de contorno que, en el medio plazo, se crean en el país y que definen la salud financiera de la población (nivel de endeudamiento de las familias, salario medio, nivel de impuestos, tasa de paro, etc.) que es, como decimos, uno de los parámetros fundamentales a la hora de fomentar el crecimiento del mercado.

Como conclusión podemos decir que son muchas las formas que el gobierno de una nación tiene de atraer la inversión extranjera de aquellas empresas que deciden ampliar su negocio a través de la internacionalización. Sin embargo, lo más importante de todas ellas es la vinculación de los beneficios otorgados a las compañías a los compromisos por parte de éstas con acciones que, como hemos descrito antes, se traduzcan, de forma directa o indirecta en beneficios para el país y sus ciudadanos.

Los Nuevos Sectores

W. Chan Kim y Renée Mauborgne, en su libro, "The Blue Ocean Strategy" presentaron una nueva forma de enfocar la estrategia correcta para llevar una empresa a alcanzar el éxito. Según exponen, el éxito de las compañías del futuro no pasa por la lucha en los mercados tradicionales sino que radica en la búsqueda o creación de nuevos mercados en los que nadie antes habían pensado ofreciendo soluciones y/o productos para nuevas necesidades de los clientes. Estos mercados son los que han acuñado como "blue oceans" en contraposición con los mercados tradicionales que llamaban "red oceans"
La siguiente tabla muestra las principales diferencias entre ambos conceptos:

Estrategia "Red Oceans"	Estrategia "Blue Oceans"
Competencia en un mercado existente	Competencia en un nuevo mercado
Gran número de competidores	Competencia inexistente
Demanda existente	Creación de nueva demanda
Basada en diferenciación o precio.	Basada en diferenciación y precio

Desde el punto de vista de la competitividad cualquier compañía debería buscar nuevos mercados en los que competir. Simplemente porque, al menos en las primeras fases se consigue evitar la presión de los competidores lo que de alguna forma, limita también la presión para mejorar su productividad.
No obstante, la creación de un nuevo mercado supone un reto, no sólo por que requiera apostar por algo que, inicialmente tiene un futuro incierto, sino también porque resulta difícil

predecir la demanda y por tanto adaptar el modelo productivo de forma que sea lo más competitivo posible.

Un ejemplo de "Blue Ocean" podría ser "El Cirque du Soleil". Esta compañía combinó la ópera y el ballet con el circo eliminando los animales y las estrellas. Crearon un nuevo concepto que no había sido visto hasta entonces. Al hacerlo, crearon un nuevo nicho de mercado. Sin embargo, en el momento que surgió la idea, ¿cómo podrían calcular si esta iba a tener éxito?

Indudablemente en situaciones como esta se pueden hacer análisis de mercado, entrevistas a potenciales clientes, etc. con objeto de construir una previsión de la demanda.

Existen metodologías más sofisticadas como el modelo de difusión BASS creado por Frank Bass. Este describe el proceso de adopción de un nuevo producto describiendo cómo se producen las interacciones entre los actuales y los potenciales nuevos usuarios. Este método, que permite realizar la predicción de la demanda de un producto o tecnología, está basado en una ecuación matemática con coeficientes constantes.

El modelo diferencia entre dos tipos de usuarios: innovadores y seguidores. Considera innovadores a aquellos más atrevidos que buscan siempre lo último de lo último mientras que clasifica como seguidores a aquellos que suelen adoptar un producto por influencia de los primeros.

Si bien existen otros modelos y métodos de previsión de ventas a la hora de estimar la tasa de adopción de un nuevo producto, este es el más extendido y comúnmente aceptado.

Sin embargo, la base del modelo radica en analizar los datos históricos de aceptación de productos similares. Precisamente, cuando se produce la creación de un "Blue Ocean", nos encontramos con algo distinto a todo lo que existía anteriormente con lo que resulta extremadamente difícil estimar cual será la aceptación del producto.

Volviendo a nuestro ejemplo, cuando "El Circo du Soleil" decidió crear su nuevo espectáculo, los estudios de mercado y las estimaciones realizadas con un modelo u otro sobre cuál sería la aceptación del espectáculo no podían garantizar unas cifras exactas. A pesar del esfuerzo comercial, de marketing, etc., la duda sólo se podía resolver en con las primeras funciones.

Partiendo de la base anterior resulta evidente la importancia de definir un modelo productivo que reduzca las inversiones iniciales y permita un crecimiento lineal con las ventas. En suma un modelo flexible que permita minimizar las pérdidas en caso de fracaso y adaptarse a la situación real tanto en el caso de haber hecho una mala estimación de la demanda como en el de tener un éxito superior al esperado.

Este modelo será especialmente relevante en las primeras fases hasta que podamos alcanzar un relativamente alto volumen consolidado de ventas en el nuevo "blue ocean".

Lo anteriormente expuesto es de especial relevancia a la hora de definir los procesos de trabajo de nuestra organización. Indudablemente es necesario hacer una planificación de nuestro negocio y en base a esta establecer los procesos de trabajo. No obstante, puesto que no podemos ser adivinos, si los procesos de trabajo que establecemos no son lo suficientemente flexibles acabaremos trabajando en base a la improvisación y dejando en el olvido aquellos planes iniciales que trabajamos en las primeras fases de lanzamiento de nuestro negocio.

Si tenemos en cuenta que con el objeto de ser más eficientes y productivos debemos aspirar a procesos que repitan y optimicen aquello que funciona, caer en los brazos de la planificación es lo peor que nos puede pasar.

Es por eso que debemos ser ágiles en la adaptación a la realidad del mercado sin que eso signifique dejarnos llevar por el caos y la improvisación. Es decir, debemos establecer procesos que dicten normas de actuación ante los imprevistos que podamos encontrar en el camino, de forma que nuestra reacción sea ordenada y orientada a mantener el crecimiento en lugar de ser caótica e improvisada.

La Liberación – El Cambio de las Condiciones de Contorno

Durante años algunos sectores, tales como la energía, la telefonía o el transporte, han gozado de mercados protegidos: monopolios o, en su defecto, oligopolios. Compañías creadas bajo el paraguas estatal eran las únicas que podían prestar determinados servicios en un mercado en el que otras empresas privadas y, o extranjeras estaban vetadas por las leyes.

Estas condiciones de contorno eran el principal enemigo de la productividad. ¿Qué motivación podían tener los directivos de estas empresas para ser competitivos en un mercado en el que no tenían competencia?

Los usuarios de este tipo de servicios se veían obligados, bien a prescindir de ellos, bien a contratarlos con la única empresa con permiso para ofreceros a unos precios normalmente elevados puesto que no había competencia que favoreciera la caída de los mismos.

Con los años, en la mayoría de los casos estas empresas se habían convertido en grandes monstruos con estructuras ineficientes fruto de una vida fácil en la que las decisiones estratégicas en muchos casos respondían a criterios políticos.

Sin embargo, muchas de estas compañías tuvieron que enfrentarse al reto de la liberación. En un momento determinado su mercado fue liberalizado permitiendo la competencia privada. En muchos casos, el proceso vino acompañado de la privatización de los antiguos monopolios.

La situación en esos momentos resultó complicada puesto que tenían que hacer frente a competidores que, con estructuras productivas mucho más flexibles, eran capaces de ofrecer los mismos productos. Esto supuso una erosión en precios que, si bien facilitó el acceso al servicio de los ciudadanos a precios más asequibles, ponía en un compromiso a los antiguos monopolios incapaces de adaptar sus estructuras con la rapidez que el mercado les demandaba.

La liberalización es pues uno de los elementos más dinamizadores de la productividad. Si bien en la mayoría de los casos supone enfrentar a una organización a su principal enemigo: el rechazo al cambio, del que hablaremos más adelante.

Un monopolio que tenga que enfrentarse a la liberalización de su sector juega con varias ventajas relevantes. En primer lugar cuenta ya con una estructura productiva mientras que el resto de nuevos competidores tendrán que empezar a construirla de cero. Esa diferencia significa tiempo para prepararse, para adaptarse o para lanzar nuevos productos. El conocido como "time to market", es decir, el tiempo que transcurre desde que se decide lanzar un nuevo producto al mercado hasta que se está en disposición de hacerlo. En segundo lugar cuenta con una base de clientes, y por tanto de ingresos, realmente significativa que le proporcionan la capacidad financiera para acometer los cambios necesarios. Obviamente, aquellos que entren en el mercado tendrán que esperar a comenzar sus operaciones para obtener ingresos y tendrán por tanto que afrontar su lanzamiento con recursos propios provenientes de inversores u otras operaciones. En tercer lugar cuenta con una imagen de marca reconocida en el mercado creada a lo largo de los años por el mero hecho de ser el único proveedor.

Veámoslo con un ejemplo. Imaginemos un país en el que tradicionalmente existía una única compañía nacional y pública de telefonía. En un momento dado se liberaliza el sector y se privatiza esta compañía. Surgen entonces distintas empresas para competir en este mercado. Estas empresas se verán en la necesidad de realizar inversiones en infraestructuras con las que poder prestar el servicio. Puesto que no tienen fuentes de ingresos inicialmente necesitarán una importante inyección de capital. Igualmente tendrán que esperar el tiempo de construcción y puesta en marcha de esas infraestructuras para comenzar a prestar el servicio. Finalmente, tendrán que invertir en marketing para dar a conocer su marca en un mercado en el que tradicionalmente ha existido un único proveedor.

Si bien la estructura de los nuevos competidores pueden ser más productivas y flexibles, los monopolios cuentan con la ventaja del músculo financiero que les proporciona un negocio estable y con el tiempo que no deben dejar de aprovechar para realizar los cambios necesarios para convertir su modelo productivo en un modelo optimizado.

EL papel del gobierno en estos procesos es fundamental puesto que, a través de la legislación, es el que define el proceso de liberalización y por tanto de transición. Más aún si la empresa es pública en cuyo caso deberá realizar también los esfuerzos necesarios para que la compañía gane en competitividad.

La liberalización, si bien fomenta la inversión en el país, también pone en riesgo a las empresas monopolistas que necesitarán disponer de las condiciones necesarias para adaptarse a las nuevas condiciones de contorno.

¿Cuáles son los cambios que deberá emprender una empresa ante estas circunstancias?

El primer cambio se tiene que producir en la estrategia y deberá reflejarse en los procesos de ventas y marketing. No es lo mismo ser el único proveedor de un producto que tener que competir con otros que quizás ofrezcan alternativas atractivas al cliente. La fuerza de ventas, inicialmente dedicada a la recepción de pedidos debe moverse a un modo de trabajo más agresivo orientado a la captación de clientes. No todos los perfiles aptos para esta labor en el modelo inicial están capacitados para las nuevas funciones requeridas en el modelo final. Por tanto se impone la necesidad de formación o, llegado el caso, captación de nuevos perfiles.

Este cambio debe venir acompañado de una fuerte inversión en marketing. Obviamente, si somos el único competidor, no existirá apenas marketing y el existente estará orientado a la adopción del servicio o la compra del producto por aquellos que aún no disponen de él así como al refuerzo de la imagen corporativa. Sin embargo en un mercado con competencia el marketing tendrá que orientarse a diferenciar el producto y arrebatar clientes a la competencia.

El segundo cambio necesario se encuentra en el modelo productivo. Es imposible mantener una cuota de mercado del 100%. Es razonable plantear que se va a producir una caída gradual de la misma puesto que, en mayor o menor medida, se dará un reparto entre los distintos competidores. Obviamente existen distintas formas de palear esta caída. Por ejemplo, buscando nuevos mercados (internacionalización, "blue oceans", etc.). Puede ocurrir también que el crecimiento del sector permita mantener el nivel de ventas e incluso incrementarlo aún cuando caiga la cuota de mercado. Sin embargo, la situación inmediata se traducirá en una caída de las ventas y por tanto será necesario adaptar la estructura productiva. Al partir de una posición dominante una buena estrategia comercial permitirá una caída sostenida pero gradual de forma que no se produzcan grandes variaciones. Esto permitiría mayor flexibilidad en el proceso de adaptación. No obstante, será imprescindible un análisis detallado de las circunstancias especiales de ese mercado y la evolución de la demanda.

Los procesos de producción, además de adaptarse al volumen de la demanda deberán adaptarse a los tiempos marcados por el mercado. Veámoslo con un ejemplo. En un mercado imaginario en el que haya un solo fabricante de coches probablemente se tarden varios años en lanzar un nuevo modelo. Sin embargo, en un mercado con distintos competidores, en el que un nuevo diseño es una ventaja competitiva, este periodo se puede reducir considerablemente. Esto se traduce en que la compañía debería adaptar sus procesos de diseño e ingeniería de forma que fueran capaces de diseñar un nuevo modelo en el tiempo que el mercado les demande.

El proceso de producción deberá adaptarse finalmente a los requerimientos de calidad del mercado que vendrá dado por las exigencias de los clientes y condicionado por lo que estén ofreciendo los competidores.

El tercer cambio necesario vendrá en los procesos de definición de precios. Normalmente en un mercado dominado por un monopolio el precio viene determinado por una estructura basada en costes. Sin embargo, en el momento en el que aparece la competencia será el mercado el que defina el precio de venta.

En todos los elementos anteriores existen dos factores fundamentales sobre los que es necesario actuar en cualquier proceso de cambio y que son los procesos y las personas.

¿Quién no ha escuchado alguna vez aquello de "esto se hace así porque siempre se ha hecho así"? Los procesos que se diseñan en una ocasión son normalmente adecuados para una situación de contorno concreta. Sin embargo estas condiciones cambian; se introducen nuevas herramientas, tecnologías, etc. Y por tanto los procesos deben adaptarse y cambiar. No obstante no siempre resulta fácil cambiar algo establecido.

Finalmente las personas son el elemento clave que debe dar pié a los cambios. Las personas son los ejecutores del cambio. Sin embargo, los cambios traen consigo incertidumbre y por tanto generan rechazo a ser implantados. Es por ello que en cualquier proceso de adaptación de este tipo se debe prestar especial atención a la política de recursos humanos. Es más, esta debería tener en cuenta otros elementos como la gestión del conocimiento, el desarrollo de aptitudes, etc., que faciliten a la postre la implantación de estos cambios.

La Influencia de las Emociones en la Productividad

En mayor o menor media la productividad está siempre ligada a las personas. Y las personas somos ante todo emociones.

Las emociones condicionan nuestra actitud ante nuestras obligaciones y por tanto pueden limitar o potenciar la capacidad de mejoría.

La mayoría de los pilares de la productividad están influenciados y a su vez influyen en las personas y sus emociones. En la medida que seamos capaces de canalizar las emociones hacia la productividad podremos maximizar su crecimiento redundando en el mayor bienestar de las personas. Estamos hablando de un círculo que se retroalimenta. Si las personas se encuentran a gusto en su entorno (país, trabajo, etc.) sus emociones serán positivas y su actitud orientada a la productividad lo que a su vez hará que esta aumente. Este aumento redundará en una mejora de las condiciones de contorno (estado de bienestar) lo que favorecerá a su vez emociones positivas hacia el modelo productivo.

Nótese que igual de positiva que es esta cadena en un sentido puedo ser negativa en sentido contrario. Las emociones negativas y destructivas acabarán perjudicando al modelo productivo y por ende impactando en las condiciones de contorno en detrimento de los ciudadanos, favoreciendo aún más la negatividad.

En muchas ocasiones caemos en el error de considerar la productividad como el fin último; así llevamos el nivel de exigencia al individuo más allá del extremo que este está dispuesto a aceptar. No estamos diciendo que una persona no quiera trabajar o asumir su responsabilidad. Simplemente que, aún cuando el trabajo debe significar un reto y por tanto demandar un esfuerzo, debe permitir el equilibro con la vida personal. De esta forma se favorece una relación satisfactoria del empleado con su trabajo lo que facilita el desarrollo de emociones positivas que contribuyen a mejorar la productividad.

Indudablemente no todas las personas tienen una misma capacidad para afrontar los retos que su trabajo ofrece y es por ello que cada individuo debería ocupar el puesto laboral que mejor encaje no solo con su formación y capacidades sino también con su disposición para ir más allá de la media en lo que a esfuerzo se refiere llevando en cada caso el balance trabajo-vida personal hasta el punto de equilibrio de cada cual.

Las emociones vienen determinadas también por el entorno laboral. La cultura empresarial es uno de los factores fundamentales a la hora de mejorar la calidad de vida de los trabajadores y por tanto promover las emociones positivas que favorezcan la productividad. Se trata pues de un acuerdo "win-win" en el que ambos, trabajador y empresa, salen beneficiados.

La cultura de empresa es un concepto que no resulta evidente más aún para aquellas personas que no han tenido la oportunidad de comparar unos entornos con otros. No es lo mismo, por ejemplo, un entorno abierto y poco jerarquizado en el que se puedan aportar ideas independientemente de la posición sabiendo que estas serán analizadas y, llegado el caso, tenidas en cuenta, y en el que se potencia las iniciativas que permitan mejorar aunque puedan suponer ir más allá de las tareas asignadas a un puesto de trabajo, que un entorno jerarquizado y más rígido en el que todo deba hacerse de acuerdo con los procesos establecidos.

En contra de lo que pueda parecer, no existe una cultura mejor o peor sino que, idealmente, esta debería adaptarse al tipo de trabajo y a los perfiles de los empleados.

Si volvemos al ejemplo anterior, una empresa dedicada a la innovación y la investigación que debe buscar nuevas ideas y nuevos productos debería favorecer un entorno abierto en el que cualquiera pueda hacer propuestas mientras que una fábrica donde los procesos están industrializados se verá favorecida por una cultura más rígida.

De hecho, esta adaptación debe tener en cuenta los perfiles que trabajan en la empresa. Existen personas que tienen grandes inquietudes; suelen ser individuos con necesidad de cambiar y aprender cosas nuevas en busca de nuevos retos. Si la empresa no es capaz de ofrecerles la posibilidad de cambio y evolución acabarán marchándose, lo que supondrá una pérdida importante de conocimiento y capacidad. Por el contrario, otras personas prefieren un trabajo bien definido y con pocos cambios. En estos casos, aun cuando la persona destaque en su desempeño, deberíamos facilitar la continuidad. Un cambio tal como, por ejemplo, un ascenso, podría suponer exigir a esta persona más allá de lo que está dispuesta a dar cuando en su puesto habitual habría seguido siendo un trabajador excepcional a la vez que feliz.

Sin embargo, el elemento que más influye en las emociones de cualquier individuo es la relación con el jefe inmediato. Está demostrado que la principal causa de un cambio de trabajo es la relación con el jefe directo. La función de supervisor de equipos es una de las más delicadas. Aquellos que van a acceder a este tipo de puestos deberían tener las habilidades necesarias. Así mismo, la organización debería de proveerle de la formación adecuada en materia de gestión de equipos y coaching. En muchas ocasiones se promociona a un individuo en función de sus buenos resultados en su puesto de trabajo dando por sentado que, puesto que ha mostrado su buena capacidad haciendo ciertas tareas, es el mejor capacitado para asumir el liderazgo de un grupo de personas que hagan ese mismo trabajo sin analizar sus habilidades como gestor. En cualquier puesto de liderazgo las habilidades relacionadas con la gestión de personas son tanto, o más importantes que los conocimientos técnicos asociados a las tareas que será necesario realizar.

El líder de un equipo debe ser un facilitador al servicio del equipo. Debe por tanto, como decimos, no solo entender la base por la que funcionan las cosas (cliente, negocio, metodología, procesos, tecnología, etc.) sino, además, mostrar dotes de trato interpersonal. Debe desarrollar una capacidad de empatía que le permita observar, escuchar y preguntar para entender las necesidades, motivaciones y sentimientos de otros siendo capaz de ponerse en su lugar evitando juicios apresurados. Debe también ser un buen comunicador capaz de transmitir adecuadamente la información necesaria en el momento adecuado y adaptándola a las necesidades de la audiencia. El líder debe además dar la visibilidad necesaria al equipo para que estos puedan tomar conciencia de las necesidades y razones que hay detrás de las exigencias facilitando que cada individuo encuentre su motivación.

El líder debe confiar en el equipo y potenciar las capacidades del mismo. No debe imponer la autoridad. Hay una gran diferencia entre un jefe y un líder. La autoridad debe venir reconocida por el equipo en base al ejemplo dado y no por un nombramiento o un puesto. Por tanto debe alejarse de lo que se conoce como micro gestión, es decir, está encima de las actividades de cada individuo. Por el contrario la delegación significa confianza en las personas. Nótese que esto no quiere decir falta de control. El equipo debe tener sistemas de medida del desempeño claros.

Veamos la diferencia con un ejemplo. Si trabajamos en un taller en el que contamos con un equipo de mecánicos podemos controlar el número de vehículos reparados al día, el tipo de averías, el tiempo dedicado a cada vehículo, etc. De esta forma garantizamos que el equipo realiza correctamente su trabajo. Pero no debemos estar encima de cada mecánico mirando qué hace en cada momento. De la primera forma los empleados sienten la confianza del líder al que recurren cuando necesitan de éste. De la segunda sienten cuestionados su profesionalidad y su capacidad para desarrollar correctamente su trabajo.

De esta manera, además, se ayuda al equipo a auto organizarse para conseguir los objetivos del grupo favoreciendo la compartición de ideas, la comunicación y la colaboración siendo mucho más flexibles y capaces de adaptarse a los cambios.

El líder debe ser el punto de referencia del equipo al que recurrir en caso de dudas o problemas. Sin embargo, debe intentar no dar respuestas sino actuar de guía, con preguntas, buscando que el equipo descubra por sí mismo la solución y facilitando el auto aprendizaje. El líder es el responsable de quitar los impedimentos que el equipo no puede resolver evitando situaciones de bloqueo y protegiéndolo de interrupciones externas que en muchos casos puedan evitar que cumplan con los compromisos adquiridos.

El líder debe tolerar errores y no buscar culpables sino entender las razones que llevaron a estos con el ánimo de mejorar los procesos de forma que en sucesivas ocasiones se puedan evitar.

Finalmente, la educación y los modales son un elemento crítico en el comportamiento del líder que debe alejarse de actitudes autoritarias que minen la confianza y sean contraproducentes para la comunicación. El respeto debe ser una de las bases del comportamiento del líder.

Más allá de la relación con los superiores y los compañeros y de la cultura de empresa, existe un factor también de extraordinaria relevancia que es la propia actitud de la persona hacia su trabajo y en general hacia la sociedad.

Una persona que entienda las reglas de funcionamiento del sistema en el que vivimos comprendiendo los beneficios que este debe traer al individuo en forma de calidad de vida en contrapartida por el esfuerzo realizado acabará manteniendo sentimientos positivos hacia el entorno. Esto incluye la asunción por parte del individuo de que, en gran medida, su posición en el entorno - nivel social, tipo de trabajo, capital disponible, etc.- depende de sí mismo y de las decisiones que haya ido tomando a lo largo de su vida.

Por el contrario, una persona que adopte una actitud crítica con el sistema por razones puramente ambiciosas y que no respete el esfuerzo realizado por terceros, en general, desarrollará sentimientos negativos que acabarán mermando su productividad.

¿Qué determina que alguien acabe inclinándose hacia uno u otro lado? Indudablemente son muchos los factores aunque hay dos que son los más críticos.

1.- El primero de ellos es la justicia. La igualdad de oportunidades y el tratamiento equitativo resulta fundamental. Si miramos a nuestro alrededor y vemos que el sistema acaba premiando a aquellos que realicen mayor esfuerzo estaremos más conformes con el lugar que ocupamos. Sin embargo, si vemos que a nuestro alrededor se fomentan las injusticias, la cultura del pelotazo, las ilegalidades, robos, etc., acabaremos siendo víctimas de la frustración y otras emociones negativas perjudiciales tanto para el sistema como para el propio individuo.

Nótese que tan dañina puede ser una pequeña injusticia en un entorno laboral acotado que afecta a pocas personas como una noticia de gran repercusión social con implicaciones a nivel regional o nacional.

2.- El segundo es la educación. El sistema educativo así como el entorno social (familia, amigos…) deberían garantizar la formación en los valores adecuados que permitan la integración del individuo en el sistema.

Siendo consciente de que algunas de las afirmaciones anteriores pueden sonar a "adoctrinamiento" y que las voces más críticas pueden evocar a George Orwell y su mítico "1984", la realidad es que en el mundo de hoy nos encontramos unas reglas de juego establecidas que nos permiten disfrutar de comodidades y beneficios adquiridos y que nos exigen esfuerzo a través del trabajo. Si bien el sistema no es, ni será nunca perfecto, debería ser obligación de todos luchar por la mejora constante intentando, en la medida de lo posible, evitar cambios lo suficientemente bruscos como para hacernos renunciar a parte de lo conseguido. Es decir, si no somos capaces de realizar un cambio sin pasar por una guerra o una revolución con el consiguiente precio para los ciudadanos, habremos fracasado como sociedad. Lo que no quiere decir que llegado el momento, no quede otra salida hacia la mejora que la ruptura y el enfrentamiento.

Por ello tanto las instituciones como los individuos debemos trabajar para seguir construyendo un sistema lo suficientemente flexible como para permitir la mejora continua sin necesidad de producir una ruptura. En la medida que todos seamos conscientes de lo que hay en juego, algo que depende fundamentalmente de la educación, seremos capaces de adoptar las necesarias actitudes colaborativas y constructivas.

El Orgullo y la Productividad. El Valor de la Humildad

No somos perfectos. Quien esté libre de pecado que tire la primera piedra. Todos hemos cometido errores y vamos a seguir cometiéndolos. Y no hay nada malo en ello. Sin embargo en muchas ocasiones la sociedad mira con ojos críticos a aquellos que fracasan en su intento de mejorar, coaccionando así, aún de forma inconsciente, a aquellos que quisieran volverlo a intentar. Algo paradójico puesto que, habiendo aprendido del primer fracaso, son estos precisamente los que disponen de la experiencia que les puede ayudar a alcanzar el éxito en su siguiente intento.

Esto puede aplicarse a todos los niveles, desde el gerente que aplica cambios en los procesos con el objeto de mejorar la eficiencia de su equipo hasta el emprendedor que se lanza a la aventura de crear un nuevo negocio o hasta el investigador que pone su empeño en un nuevo descubrimiento.

La experiencia de haber vivido cambios es la mejor herramienta para tener éxito en la implantación de otros nuevos. Solo una o dos de cada diez emprendedores tienen éxito en su nueva empresa. Y desde luego cualquier investigador sabe que son necesarios muchos intentos para conseguir tener éxito en un nuevo descubrimiento. Como referencia, una conocida leyenda cuenta como Thomas Edison inventó la bombilla después de más 1000 intentos.

Así pues una de las bases de la productividad debe ser la combinación de humildad, paciencia y coraje.

Humildad para asumir que fracasar es parte del camino hacia el éxito. Si para vender una enciclopedia tenemos que llamar a 100 puertas, cuanto antes hallamos recorrido las 100 antes venderemos.

Paciencia porque todo lleva su tiempo. Las prisas son siempre malas consejeras.

Coraje porque ante un fracaso el desánimo siempre estará presente y no podemos desesperar. El fracaso es un paso más en el camino hacia el éxito.

Pero más allá de todo esto es crítico el arropo que la sociedad, familia y amigos nos den en los momentos duros de nuestra aventura creadora, investigadora o, simplemente, laboral.

El orgullo suele ser también uno de los peores enemigos de la productividad. No es común que alguien reaccione positivamente cuando se critican los resultados de su trabajo aun cuando la crítica sea justificada. Menos aun cuando fracasa en su objetivo de innovar, de crear una empresa, o de ascender a puestos de mayor responsabilidad allí donde se trabaja.

El orgullo evita que el individuo asuma que ha cometido algún error. La primera reacción siempre es de rechazo y se acaba culpando a las circunstancias, al entorno o simplemente a otros.

De ahí que sea tan importante que la sociedad acepte los errores como algo que puede ocurrir y que no tiene porqué ser malo. Los errores, como decíamos antes, son la base de la experiencia.

Si el entorno nos ayuda a aceptar los errores, estará poniendo a nuestra disposición la herramienta más poderosa para vencer a nuestro propio orgullo y establecer las bases para volver a empezar y prepararse para un nuevo reto.

La educación juega un papel increíblemente importante en este apartado. La orientación educadora en la infancia resulta de especial importancia a la hora de que, ya de niños, interioricemos la aceptación del error como algo normal y necesario en el proceso de aprendizaje.

Sin embargo se debe tener cuidado con caer en la complacencia. El hecho de aceptar que todos cometen errores no puede eximirnos de la responsabilidad adquirida.

Un investigador que toma una línea de trabajo equivocada está sacrificando y por tanto perdiendo no solo su tiempo sino el dinero dispuesto para que realice su tarea. Un emprendedor que adopta una estrategia empresarial errónea está sacrificando el capital de aquellos que le han apoyado e incluso el suyo propio. Un gerente que implanta cambios en la forma de hacer las cosas resultando esta menos adecuada no podrá cumplir con sus objetivos lo que tendrá un impacto negativo en los resultados de la compañía.

Al final, en todos los casos, hay un sacrificio y por ende una penalización. El investigador tendrá una financiación para su investigación limitada pudiendo terminarse esta sin que haya logrado su objetivo. El emprendedor será incapaz de sacar adelante su empresa. El gerente probablemente perderá sus incentivos económicos y pondrá en riesgo su carrera.

Todo error tiene consecuencias. Y es necesario que las tenga. Los individuos deben ser conscientes de ello; del riesgo que asumen. Y deben estar dispuestos a aceptar la penalización que el error traerá consigo. En el otro extremo esperan distintas recompensas en caso de éxito.

Estas penalizaciones son conocidas y aceptadas usualmente antes de lanzarse a realizar la labor, sea esta investigar, crear una empresa, mejorar la operativa o cualquier otra. Y aquel que las pone en marcha asume el reto siendo plenamente consciente de ello.

La principal consecuencia del error, no obstante, debe ser el aprendizaje. Aprender qué resultó mal la última vez para tomar las pertinentes medidas correctivas y tener éxito en la siguiente ocasión.

Sin embargo, si la sociedad y el entorno critican el error y elimina el reconocimiento del derecho a equivocarse estaremos evitando que ese mismo individuo vuelva a intentarlo en un alto porcentaje de casos.

Llegado este punto, seguramente el lector estará pensando ¿hasta cuándo se deben aceptar los errores? ¿Cuántas veces puede errar una persona?

Parece indudable la existencia de un límite. En caso contrario cualquiera podría intentar algo infinitas veces cayendo una vez tras otras en el error que le lleva al fracaso.

La respuesta, desgraciadamente, no puede ser exacta. En cada caso el error tiene causas distintas y por tanto se impone un análisis casuístico que a veces resulta inviable.

No obstante, el sistema y el entorno deberían servir para establecer un equilibrio que balanceara adecuadamente la aceptación del error. Veamos como a través de nuestros ejemplos.

Si volvemos al caso del investigador, indudablemente, en caso de que fracase en su objetivo de obtener resultados en los plazos acordados, en el futuro tendrá más dificultades para acceder a plazas de investigación de ese nivel pudiendo probablemente acceder a otras de menor reconocimiento o menos relevantes. Esto no quiere decir que no pueda seguir investigando. Igualmente, el éxito en nuevas investigaciones, deberían abrirle la puerta de nuevo.

De igual forma, el emprendedor que fracasó al intentar crear su primera compañía tendrá más difícil acceder a financiación en su segundo intento y tendrá que arriesgar más capital propio en su segunda empresa. ¡Lo que no quiere decir que se le cierren las puertas por el hecho de haber fracasado en su primer intento!

Nótese la importancia de la actitud. Imaginemos que nos encontramos en la posición de decidir si damos cierta financiación a un emprendedor. ¿Quién nos inspiraría más confianza? ¿Alguien que ha pasado ya varias veces por el proceso de creación de empresas aunque haya fracasado en alguno de ellos o alguien que sólo lo haya hecho una vez con éxito? Si bien responder a la pregunta no resulta fácil puesto que habría que analizar cada caso en particular, lo lógico sería percibir los fracasos del primero como experiencia que le ha ayudado y conducido a tener éxito en otros casos y que le dan la capacidad necesaria para enfrentarse a adversidades que el otro, aún sin haber fracasado, no sería tan capaz de afrontar.

No quiero terminar este apartado sin hablar de los conocidos en el mundo anglo-sajón como "quick wins" o éxitos rápidos. Hablábamos antes de la paciencia y la constancia como una de las bases necesarias en nuestro proceso de mejora de la productividad entendiendo esta desde el punto de vista de la innovación. Sin embargo, en cualquier proceso innovador el tiempo hace mella. El paso del tiempo va corroyendo el coraje e incluso el orgullo si no se es capaz de traer pequeños éxitos que nos animen a seguir adelante. Los éxitos rápidos son más bien pequeños resultados, aún lejos del objetivo final, que nos permiten ganar confianza e incluso alimentar al orgullo. Estos logros parciales son necesarios para seguir en la lucha por tener éxito a largo plazo.

La actitud de la sociedad y el entorno ante estos resultados también es importante. El reconocimiento de los mismos debe servir de aliciente. Sin embargo, en ocasiones la actitud es justo la contraria como consecuencia de otros sentimientos más cercanos a la envidia. Se critica al que tiene éxito. Se menosprecian sus logros y se ensalzan sus errores. De nuevo se menoscaba la autoestima y se mitiga la capacidad de innovación.

La envidia y el miedo al fracaso son dos de las principales razones que evitan el éxito pues reducen significativamente la capacidad de esfuerzo y el espíritu de superación necesarios en cualquier empresa. Es por ello que, una vez más, la educación aparece en la base del proceso como elemento crítico a la hora de fomentar valores como el respeto y el reconocimiento frente a otros más destructivos como la envidia que acabamos de ver.

El Sentimiento de Empresa

Un equipo funciona mejor si todos sus miembros se sienten identificados con él y con sus objetivos y consideran el éxito del mismo como suyo propio.

De hecho, en ese caso los miembros del equipo disfrutan con su labor encontrando la satisfacción en el éxito común.

Esto permite además maximizar la eficiencia pues en su afán por alcanzar el éxito cada miembro del equipo hará todo cuanto esté en su mano y aportará todas aquellas ideas que estén a su alcance para mejorar, optimizando así la operativa.

Indudablemente para ello es necesario que el equipo tenga una organización funcional abierta y receptiva a las aportaciones de sus miembros a la vez que disponga de medios para canalizar aquellas iniciativas que aporten valor sin tener en cuenta su procedencia.

En el entorno laboral ocurre lo mismo. La situación ideal es aquella en la que el conjunto de trabajadores de una empresa o, al menos, de un departamento, se sienten miembros de un equipo con el que se encuentran comprometidos. Es lo que llamamos sentimiento de empresa. Cuando se entrega un nuevo producto el equipo se siente satisfecho porque este es el resultado de su esfuerzo. Cuando un cliente felicita por el trabajo hecho, cada trabajador se siente felicitado por su aportación en el proceso.

Convertir un grupo de trabajo en un equipo es, principalmente, el resultado de la labor de un líder.

Pero ¿es ético? Después de todo, el sentimiento de empresa, la mejora de la eficiencia, supondrán en muchos casos mayor esfuerzo y mayor entrega por parte de los miembros del equipo que sacrificarán otras cosas posiblemente también muy importantes en su vida. A cambio, quizás una pequeña gratificación extra cuando quien realmente obtiene el beneficio de tanto esfuerzo será la empresa para la que realiza su labor. ¿Están, en tal caso, siendo engañados los empleados? ¿Estamos hablando de crear falsas sensaciones para conseguir un mayor compromiso a cambio de poco o nada? ¿No sería más fácil trabajar lo estrictamente necesario para "cubrir el expediente"?

En primer lugar debemos tener en cuenta que trabajar como un equipo, comprometiéndonos con el proyecto en el que se trabaja no quiere decir trabajar más. De hecho, en muchas ocasiones el sentimiento de empresa permite superar conflictos que en otro caso mermarían la eficiencia forzando a trabajar más a los empleados y precisamente en tareas que no son del agrado de nadie. Llevado al extremo, en un equipo en el que no haya el nivel de implicación necesario, podría, por ejemplo, algunos miembros podrían llegar a ocultar información a otros lo que causaría duplicidad en tareas además de esfuerzos vanos, bien por ocultar la información, bien por conseguirla.

En segundo lugar, la visión del individuo debe ir más allá de la retribución directa. Indudablemente si hago bien mi trabajo contribuiré no solo a asegurar mi salario y promover mi carrera profesional sino que también contribuiré al crecimiento de la empresa lo que redundará en nuevas oportunidades para mí y mis compañeros, en la creación de nuevos puestos de trabajo o en la obtención de más beneficios que llevan consigo un mayor pago de impuestos que desde luego redundan en inversiones públicas para nuestra ciudad o nuestro barrio.

En suma, si las empresas crecen se crea riqueza y esta redunda en una mejora de la competitividad que debe traer consigo una mejora de la calidad de vida de los ciudadanos.

Por tanto, implicándome con mi trabajo no solo gano un salario sino que contribuyo a mejorar el entorno en beneficio propio.

En último lugar, debemos evitar caer en la trampa de creer que la implicación asociada a la existencia del sentimiento de empresa se convierta en una exigencia para con los trabajadores que se vean forzados a ir más allá de su obligación como norma, teniendo que sacrificar su vida personal y familiar. La implicación no puede estar reñida con el equilibrio entre lo personal y lo profesional.

El sentimiento de empresa debe servir para crear un entorno de trabajo en el que cada individuo se sienta cómodo, lo que contribuye a la eficiencia del equipo.

Pero más allá de los niveles de exigencia correspondientes a cada puesto de trabajo y respetando el equilibrio que mencionábamos, la mayor implicación debe ser una opción de libre elección de cada trabajador.

Si bien puede resultar evidente, debemos recordar que el trabajo y el desarrollo profesional tienen una prioridad distinta para cada persona y que esta puede cambiar a lo largo de su vida. La capacidad de adaptación mutua entre empresa y trabajador en este sentido, facilita, en sí misma, la aparición del sentimiento de empresa.

Realmente estamos hablando de equidad. Equilibrio entre lo que se exige al trabajador y lo que se le proporciona. No se puede aspirar al compromiso completo de un empleado cuando su retribución dineraria no le permite cubrir sus necesidades y el entorno laboral excesivamente exigente no le permite balancear su vida personal con su vida laboral.

Existen casos en los que con retribuciones en el entorno de los 800 € netos mensuales y jornadas laborales de 10 o más horas efectivas se espera un compromiso del trabajador para con la empresa. Obviamente no es realista esperar que se cumplan esas expectativas. Y por supuesto tampoco es ético. De hecho, en algunos casos, las políticas de comunicación de los departamentos de Recursos Humanos llegan a resultar hipócritas al estar orientadas a conseguir el compromiso del empleado mientras se ofrecen condiciones laborales muy pobres.

En conclusión, resulta fundamental buscar el equilibrio desde el convencimiento de que un empleado satisfecho estará mucho más entregado a su trabajo siendo más eficiente y mejorando la productividad al responder de forma positiva a un entorno exigente, como por otro lado debe ser, dado el entorno macro económico global que nos rodea en el que la globalización hace de la competitividad una necesidad.

Alcanzar el equilibrio, no obstante, no resulta fácil puesto que éste varía y dependerá de la disposición de cada persona. Dentro de unos mínimos exigibles, el sistema debe ser lo suficientemente flexible para alcanzar el punto de equilibrio para cada empleado. Indudablemente esto no quiere decir que cualquier empleado pueda encontrar su lugar en cualquier empresa. Cada empresa, dependiendo del sector, del mercado y de la cultura tendrá unas pautas y unos niveles de exigencia que marcarán los límites de flexibilidad que puede ofrecer a sus empleados.

Uno de los procesos más importantes en cualquier compañía debe ser el de selección del personal. En muchos casos la elección del candidato ideal se centra en su formación y capacidades. Sin embargo, tan importante como estas resultan sus expectativas de forma que, una vez alcanzado un acuerdo, la satisfacción sea recíproca.

En muchos casos resulta complicado entender la relación entre satisfacción del empleado y productividad ya que normalmente no es medible de una forma tangible.

Es por ello que la educación en valores durante la infancia y juventud de nuevo toma una posición de relevancia a la hora de interiorizar la comprensión de este tipo de conceptos.

Si bien la relación empleado-empleador suele ser siempre compleja resultando imposible generalizar y siendo necesario un análisis específico para cada caso, en general podemos concluir que a mayor satisfacción mutua, mayor productividad.

El Reto de la Transformación

Mejorar la productividad y la competitividad en el mundo de hoy significa necesariamente estar en proceso de transformación constante. Una transformación necesaria para adaptarse a los cambios que es imprescindible realizar para responder al mercado, a los clientes o a los competidores.

La transformación es en sí misma un reto. Buscamos transformarnos para mejorar. Pero no siempre resulta fácil. En este apartado vamos a revisar algunas de las principales barreras a las que se enfrenta la transformación analizando, en algunos casos, si ésta tiene realmente sentido o no.

Los Modelos de Externalización

Hoy en día la constante preocupación por reducir costes hace que muchas organizaciones se planteen cambios de modelo operativo transgresores que permitan maximizar las eficiencias.

Siempre que se habla de estos modelos suele venir a colación la externalización. Esta consiste en ceder una tarea compleja, que necesitamos realizar pero que no es una actividad principal de nuestro negocio, a un tercero especializado en realizarla. Supuestamente el mayor conocimiento de este tercero en dicha área le permitirá hacerlo a un coste muy inferior manteniendo la calidad.

Es un modelo en el que todos ganan; la empresa receptora de la actividad externalizada se beneficia de nuevos ingresos por los nuevos contratos ganados; la empresa que externaliza la función consigue mejorar sus costes a la vez que mantiene los niveles de calidad.

Este tipo de cambios deben darse únicamente en tareas que no forman parte de la actividad principal de la empresa pues es la única forma de minimizar los riesgos asociados al proceso sin perder el valor aportado a los clientes.

En el entorno público la externalización se asocia en muchos casos a la privatización de ciertas actividades con el objetivo de reducir el coste de las mismas.

Entendamos esto en un ejemplo práctico. Imaginemos una empresa que se dedica a fabricar herramientas y otros útiles de ferretería. Una vez fabricados debe ser capaz de distribuirlos entre las distintas tiendas que comercializan estos productos y que son sus clientes. Para ello este fabricante dispone de una flota de 5 camiones que realiza la distribución por las ferreterías del país. La actividad de transporte es una actividad susceptible de ser externalizada en este caso. Por un lado no es una tarea principal de la cadena de valor del fabricante si bien es necesaria. Por otro, probablemente una empresa dedicada únicamente al transporte podrá obtener precios mucho más competitivos e incluso ofrecer una mejor calidad del servicio.

No todas las tareas son susceptibles de ser externalizadas
. Si externalizamos tareas principales de nuestra cadena de valor – por ejemplo el diseño de nuevas herramientas – estaremos perdiendo valor que ofrecer a nuestros clientes. Nuestras nuevas herramientas podrían ser fabricadas y vendidas por otros competidores haciendo que no pudiéramos aportar ningún valor más allá del precio puesto que, después de todo, estaríamos vendiendo exactamente lo mismo que nuestros competidores.

La actividad externalizada debe ser además fácilmente medible de acuerdo con unos parámetros acordados con el proveedor de la misma puesto que, en caso contrario, este podría simplemente dar precios más baratos a cambio de reducir la calidad lo que puede tener un impacto significativo en el valor añadido que los clientes reciban de nuestros productos y nuestra empresa.

Volviendo a nuestro ejemplo de externalización del transporte, se pueden establecer fácilmente parámetros para medir la calidad del servicio prestado tales como compromiso de tiempo de entrega desde la recepción del pedido, horario de atención, etc. y medir el nivel de cumplimiento de los mismos llegando a establecer penalizaciones para los casos de incumplimiento.

La externalización no siempre tiene sentido. Aún cuando una actividad no tenga un nivel de relevancia significativo en nuestra cadena de valor y la ejecución del adjudicatario sea fácilmente medible de acuerdo a parámetros también fáciles de definir, tiene que ser posible que un tercero realice el trabajo de forma óptima reduciendo los costes.

¿Pero cuánto deben reducirse los costes? Tengamos en cuenta que lo mínimo esperable para que merezca la pena embarcarse en un proceso de transformación de este tipo debe rondar el 20-25% de ahorro. Además, la empresa encargada de realizar la labor necesitará obtener beneficios en un orden cercano también al 20-25%. Por tanto, si sumamos ambas necesidades estamos hablando que para externalizar probablemente será necesario reducir los costes a la mitad. ¿Es esto posible?

No siempre.

Existen cuatro fuentes de ahorro que contribuyen a reducir los costes en un proceso de externalización.

La primera de ellas viene de la mano de las economías de escala. Es decir, al alcanzar un volumen elevado de trabajo se consiguen abaratar los costes. Veámoslo con un ejemplo. Volvamos al caso de la externalización de la distribución a las ferreterías. La empresa de transportes receptora de la actividad tendrá una flota de camiones mucho mayor que la que teníamos nosotros con lo que en la negociación con los vendedores de vehículos habrá podido obtener mayores descuentos siendo menor el coste de los mismos para ellos que para nosotros. Así mismo, al llevar mercancías de distintos clientes podrá optimizar sus rutas. Nosotros, al distribuir solo nuestros productos, en ocasiones llevaremos los camiones a medio llenar o incluso vacíos (cuando vuelven de regreso) mientras que una compañía de transportes los llevará siempre llenos, incluso en los retornos, puesto que tendrá clientes que necesitarán hacer el transporte en sentido opuesto.

La segunda de ellas viene de la mano de la deslocalización. Aquellas tareas para las que no es necesaria la presencia local se pueden llevar a países en los que los costes salariales sean inferiores. Obviamente en nuestro ejemplo el transporte no se puede deslocalizar. La deslocalización puede llevar asociada una pérdida de calidad causada por entornos laborales distintos en los países de destino por lo que no es recomendable para tareas de alto valor añadido.

La tercera de ellas está asociada a la implantación de nuevas tecnologías que permitan realizar las actividades de forma más eficiente y que no tenga sentido implantar para una carga laboral de tamaño medio. En nuestro ejemplo, la empresa de transporte puede implantar un sistema de geo-localización de los vehículos y la mercancía que maximice el uso de los camiones y prevenga pérdidas de mercancías. Los costes de estos sistemas pueden ser elevados y no tener sentido para una empresa que fabrica herramientas dado el bajo volumen de actividad que tiene. Sin embargo sí son asumibles por una empresa dedicada al transporte que obtiene una rentabilidad mayor asociada al volumen de trabajo.

La última fuente viene de la mano de la optimización de las operaciones. Normalmente cuando se establece una organización por primera vez se busca el modelo operativo óptimo que se mejora a base del "prueba y error" durante los primeros meses. Pero una vez el modelo funciona se sigue trabajando así sin tener en cuenta que los requerimientos del sector, de los clientes o del mercado han cambiado. Realizar este cambio resulta tremendamente difícil puesto que significa decir a las personas que durante años han realizado esta tarea que cambien su manera de actuar. Más difícil resulta teniendo en cuenta que estas personas tienen amplia experiencia en su labor. Es por ello que en muchos casos resulta más fácil que la tarea de transformación sea liderada por un tercero con una visión externa más objetiva y que pueda aportar la experiencia de otros clientes u organizaciones.

Para conseguir alcanzar los niveles de ahorro esperados de un proceso de externalización es necesario que la tarea elegida permita obtener al menos tres de las cuatro fuentes de ahorro anteriormente descritas.

Como decíamos antes en el sector público implantar un modelo externalizado significa, en muchos casos, privatizar. De igual forma, en tales casos, se debe prestar atención a todos los factores descritos.

Una particularidad del sector público reside en el hecho de que muchas de las labores realizadas tienen una importancia muy elevada para los ciudadanos y por tanto no deberían ser susceptibles de este tipo de procesos de transformación. Tales son, por ejemplo, la sanidad o la educación.

Además, no estamos hablando solamente de que al externalizar sea difícil establecer modelos de medida y niveles de calidad del servicio sin poner en riesgo la calidad del mismo sino que en estos casos, además, no se pueden conseguir muchas de las fuentes de ahorro que anteriormente describíamos.

Tomemos por caso la externalización de la sanidad. El sistema sanitario público de un país, por ejemplo europeo, tiene, sin duda, mucho mayor volumen que cualquier empresa privada del sector en ese mismo país con lo que resulta imposible obtener ahorros por economías de escala. De igual forma, dado su volumen, tienen acceso a las tecnologías que pudiera necesitar con lo que también carece de esta fuente de ahorros. Finalmente resulta obvio que es imposible la deslocalización a países donde los profesionales sanitarios tengan salarios inferiores. Por tanto, la única fuente de financiación estaría en los cambios en la operativa, algo que necesariamente trae ahorros pero muy lejanos del 50% necesario para hacer el modelo sostenible.

La disponibilidad de las economías de escala o el acceso a tecnologías que permitan ser más eficientes no significa que se esté sacando beneficio de ello. Pero en tal caso bastaría con poner estas medidas en práctica para maximizar los ahorros antes que embarcarse en procesos de externalización mucho más arriesgados y menos ventajosos puesto que, después de todo, en ellos hay que compartir los beneficios obtenidos con el tercero al que transfiriéramos la actividad.

La Negación de la Realidad

El primer paso y más importante antes de embarcarse en cualquier proceso de transformación es aceptar la necesidad del mismo. En ocasiones, no obstante, esto no resulta nada fácil.

La necesidad de la transformación es siempre consecuencia de un cambio en las condiciones de contorno: sociedad, clientes, comportamientos, competidores, mercado… Estos cambios no siempre resultan evidentes. Especialmente para alguien implicado en los procesos vigentes y que son los que es necesario cambiar. La visión de estas personas, dada su posición, suele ser sesgada y subjetiva.

Evidentemente la percepción de la necesidad del cambio llega antes o después. Pero es un claro factor de éxito detectar ésta lo antes posible. Eso permitirá adelantarse a los competidores y disponer de mayores recursos y más tiempo para realizar la transformación. Lamentablemente lo más común es que sólo nos demos cuenta de la necesidad de cambio cuando los síntomas son ya demasiado evidentes.

El factor humano influye significativamente en este retraso puesto que la primera reacción ante cualquier propuesta de cambio suele ser defensiva. Se recibe la misma como una crítica a la manera de hacer las cosas y en muchos casos como una crítica personal ante la cual aparece una reacción de rechazo. La evolución desde esta primera reacción hasta la aceptación de la realidad y de la razón existente en la necesidad de plantear un cambio lleva tiempo. Un tiempo que en muchas ocasiones no se tiene.

La cultura existente dentro de cada organización es también importante a la hora de analizar la reacción ante el cambio. En la medida que la organización sea más burocrática y lleve tiempo sin cambios significativos, peor será la recepción que sus integrantes tendrán a las propuestas de cambio.

Imaginemos que trabajamos en una fábrica en un país europeo. Comienzan a darse malos resultados económicos de la empresa, principalmente por la aparición de competidores provenientes de países donde la producción es mucho más barata. Al principio la dirección de la empresa lanza mensajes tranquilizadores, se habla de nuevas estrategias comerciales, de nuevos productos más competitivos… Pero los resultados no solo se repiten sino que marcan una tendencia decreciente. Empiezan a aparecer medidas de contención del gasto que perjudican nuestra calidad de vida: contención salarial, recorte de beneficios sociales… hasta que finalmente se toma la decisión de cerrar la fábrica y trasladar la fabricación a un país de bajo coste.

En todo este proceso pueden haber pasado fácilmente entre 3 y 5 años.

¿cuál debe ser nuestra actitud ante una situación como esta? Desde luego la peor de todas es esperar 5 años a que no haya solución, la empresa se vea obligada a cerrar y acabemos siendo despedidos. Lo más importante es asumir la situación y tomar medidas antes de que sea tarde.

Desde el punto de vista de la dirección es importante entender que ningún modelo de negocio es eterno. Si tenemos un producto que funciona y se vende bien pronto surgirán competidores que acabarán arañando nuestro mercado y forzando la competencia que traerá consigo la reducción de precios y márgenes.

Por ello es imprescindible la innovación. Cualquier compañía debe estar en continuo proceso de innovación sea esta tecnológica, de procesos, etc. De esta manera estaremos en disposición de lanzar nuevos productos al mercado cuando nuevos competidores empiecen a entrar en él.

Esto supone un cambio de mentalidad importante pues estamos diciendo que, aun cuando la empresa tenga éxito, debe dedicar recursos a la innovación y al cambio. En el fondo esto significa tener la humildad de aceptar que no siempre podremos tener éxito con el modelo actual y que, tarde o temprano, alguien encontrará la manera de hacerlo igual o incluso mejor que nosotros. Debemos trabajar para continuar siendo líderes.

También es imprescindible la continua búsqueda de nuevos clientes y mercados. Cuanto más diversificado sea nuestra cartera de clientes más protegidos estaremos frente a caídas de las ventas motivadas no ya por la aparición de competidores sino, simplemente, por ejemplo, por una recesión económica en la región o país.

Un ejemplo claro son las empresas que dependen de un solo cliente en torno al cual crean su modelo de crecimiento. Basta con que ese cliente pase por una etapa complicada en el que reduzca sus costes, y por tanto los pedidos, para que todo nuestro modelo de crecimiento se vea afectado.

La inversión en innovación, en búsqueda de nuevos clientes o en la expansión internacional, en ocasiones, resulta muy complicada puesto que, más allá de las dificultades intrínsecas de cada una de estas actividades, cualquiera de ellas requiere recursos financieros que deberemos tomar de otras áreas. La escasez de capacidad financiera nos puede llevar a situaciones en las que tengamos que elegir entre atender la demanda actual e invertir en innovación.

Este debate suele tener una implicación temporal. Las inversiones en la producción están focalizadas en el resultado inminente; conseguir satisfacer las necesidades del cliente hoy para alcanzar los resultados económicos esperados este mes o este trimestre. Por otro lado, la inversión en innovación o búsqueda de nuevas fuentes de ingresos – clientes o mercados – están orientadas al resultado futuro. A identificar aquellas áreas de las que obtendremos los recursos en el medio y largo plazo.

Los mercados hoy en día suelen presionar para obtener resultados hoy sin preocuparse por el mañana. Desde el punto de vista de un accionista, lo importante es tener buenos resultados en el trimestre en curso. Después, si no es sostenible, siempre se puede desinvertir e invertir en otro lugar.

Por ello, en casos como este, el corto plazo siempre acaba imponiéndose con lo que ello significa para la sostenibilidad de la empresa.

Esto es algo que la dirección de una empresa debe tener siempre en cuenta puesto que su objetivo debe ser la viabilidad y rentabilidad sostenida de la compañía lo que en ocasiones puede suponer renunciar a grandes rentabilidades en el presente. Dicho de otra manera, lo óptimo no siempre es aquello que maximiza la rentabilidad.

En ocasiones, a pesar de los esfuerzos realizados en la búsqueda de la sostenibilidad de una compañía, esta se ve abocada al fracaso. Hoy en día la globalidad de los mercados hace que la mayoría de las compañías compitan en un entorno multinacional lo que en ocasiones hace que algunos modelos no sean sostenibles. En el primer ejemplo que poníamos al principio de este apartado veníamos como nuestros productos competían con otros fabricados en países dónde los costes eran mucho menores. Indudablemente hay ocasiones en que, bien buscando nuevos productos como acabamos de comentar en las últimas líneas, bien trasladando la fabricación a países de menor coste de producción, se puede combatir el problema. Sin embargo, en otros casos, esto no resulta posible. Por ejemplo, si una compañía se dedica a extraer carbón en Europa donde los costes de producción son elevados, difícilmente podrá competir con otra empresa que realice la misma actividad en China donde los costes son muchos menores.

En casos como este y salvo que la empresa decida dar un cambio estratégico a su modelo de negocio dedicándose a otro tipo de actividades, la solución pasará necesariamente por buscar nuevas geografías – en nuestro ejemplo adquirir derechos de explotación sobre yacimientos en países dónde los costes de explotación sean menores – con el consiguiente impacto en la economía nacional y en la fuerza laboral.

Como consecuencia, más allá de la dirección de la empresa, existen dos agentes de especial relevancia en el proceso de aceptación de la realidad y la posterior toma de medidas.

El primero de ellos es el gobierno de la región o del país que tiene sobre sí la responsabilidad de tomar las medidas necesarias para fomentar la competitividad de las empresas nacionales en beneficio del empleo y el crecimiento de la región.

Esta tarea no resulta fácil. En muchos casos la intervención del gobierno se produce en forma de subvenciones para apoyar un determinado sector vinculadas a la garantía de empleo. Si bien esta puede ser una buena medida paliativa debemos tener claro que debe ser temporal. Es decir, cualquier sector debe ser competitivo por sí mismo. Y por tanto las medidas que se adopten deben ir orientadas a la mejora de la competitividad. Dicho de otra manera, debe ser como la ayuda de un padre a un hijo mientras aprende pero no se puede convertir en algo eterno.

Y en aquellos casos en que no sea posible ganar competitividad entonces el reto para el gobierno es mucho mayor pues debe facilitar la transformación del sector con el objeto de mantener el crecimiento lo que en la mayoría de los casos implica un cambio en el tipo de tareas a realizar por los trabajadores y por tanto demanda un plan de formación y cualificación adecuado. Todo ello necesita tiempo y es por eso que es imprescindible la actuación temprana, algo que no siempre resulta fácil puesto que significa dedicar recursos a un potencial problema que quizás llegue en el futuro pero que desde luego no se encuentra entre las demandas inmediatas de la población que son, al fin y al cabo, las que por sus implicaciones electorales, acaban moviendo las decisiones gubernamentales.

El segundo y quizás el más importante es el propio trabajador. En algunos países desarrollados todavía existe la creencia extendida de que "una empresa es para toda la vida". Sea cierto o no, lo que sí es verdad es que resulta poco común que los trabajadores estén pendientes de la evolución de su empresa y su sector salvo en aquellas ocasiones en que los problemas son ya evidentes.

Los empleados son siempre los primeros interesados en acceder a una buena carrera profesional de la mano de una situación laboral favorable que mantenga una calidad de vida adecuada. En la práctica esto supone adoptar una actitud de alerta continua que permita tomar las decisiones más convenientes en cada momento. Estas pueden ir desde adquirir formación en una nueva labor preparando un cambio de tarea, de puesto o incluso de empresa para el caso que esto fuera necesario.

Estas actitudes, que a título individual permitirán mejorar la competitividad de cada trabajador, deben ir inducidas por la formación. Por un lado en conocimiento del entorno. Algo que debe ser transmitido desde la edad escolar para que todos y cada uno de nosotros interiorice como algo natural la actitud de la que hablamos. Por otro en formación generalista puesto que cuanto mayor sea el conocimiento que tengamos mayor será nuestra capacidad para adelantarnos a aquello que pueda venir.

Estamos hablando pues de usar la educación para mitigar el miedo al cambio y fomentar la flexibilidad para adaptarse a las nuevas circunstancias que el mercado traiga consigo en un ejercicio de búsqueda de nuestra situación óptima como trabajadores.

Finalmente, el gobierno juega un papel fundamental en la formación de las personas. No solo en la etapa escolar sino también en la adulta donde su participación es clave a la hora de dirigir la capacitación global de los trabajadores en cada sector hacia aquellas áreas en que las empresas asentadas en la región vayan a ser más competitivas.

El Factor Político

La política es uno de los grandes enemigos de la productividad. Y por ende, del crecimiento económico que debe traer consigo una mejor calidad de vida.

Sin embargo, como miembros que somos de la sociedad, no podemos vivir sin ella. Y por tanto la mejor opción es conocer, en la medida de lo posible, las razones que actúan como motivaciones de cada político para tomar las decisiones que en cada momento considera oportunas.

En 1947 Winston Churchill dijo " (…) De hecho, se ha dicho que la democracia es la peor forma de gobierno, excepto por todas las otras formas que han sido probadas de vez en cuando."

La democracia garantiza que las decisiones las toman aquellos que son elegidos por la mayoría. Es más, facilita que si estas no tiene el beneplácito del pueblo, éste acabe cambiando al elegido por un nuevo gobernante en las siguientes elecciones.

Esto, unido al gusto por el poder inherente al ser humano, hace que las decisiones políticas sean fruto de las circunstancias puntuales en cada momento. Estas circunstancias vienen condicionadas por la opinión pública que resulta de la mezcla de un bombardeo de información, cierta o no, de los distintos medios de comunicación; desde cadenas de televisión y periódicos favorables a uno u otro partido hasta las redes sociales donde el control se hace más difícil.

De hecho, en cualquier sistema democrático los distintos partidos que aspiran al poder dedican ingentes esfuerzos a gestionar la información que se transmite en los distintos medios en un intento por ganarse la voluntad de los votantes hacia posiciones más cercanas a aquello que, por el motivo que sea, ellos mantienen respecto a uno u otro asunto.

Los ciudadanos se ven, de alguna forma, indefensos ante esta avalancha de información mediatizada y partidista teniendo como únicos elementos reales para poder emitir su juicio las circunstancias que rodean su vida cotidiana, que son el único elemento objetivo a su alcance, y los sentimientos, favorables o encontrados, que cada político le inspira en base a sus apariciones en público y sus acciones, siempre, en estos casos, mediatizado por los medios de comunicación.

¿Cómo tomar en estas circunstancias la decisión adecuada?.

George Bernard Shaw decía "La democracia sustituye el nombramiento hecho por una minoría corrompida, por la elección debida a una mayoría incompetente."

La imposibilidad de tener un amplio conocimiento sobre cualquier materia unido a la desinformación promovida por la política en su intento por convencer de una u otras posiciones hace que el ciudadano, bien no tenga idea de qué decisión tomar, bien tome la decisión en base a influencias y criterios completamente subjetivos.

¿Qué se puede hacer en estas circunstancias?

Si los ciudadanos han de tener una herramienta que les permita medir con criterios razonables las acciones de los políticos de forma que se fomenten decisiones que resulten en la mejora de la competitividad y de la calidad de vida, esta es la educación.

Materias como filosofía, historia y economía así como la formación en valores deberían ser imprescindibles en cualquier plan escolar. Estas áreas sirven de herramientas para que los ciudadanos adquieran una visión lo más completa posible que les permita disponer del mejor criterio a la hora de elegir a sus gobernantes.

La historia porque permite entender el comportamiento humano a través de las experiencias vividas así como comprender qué hechos pasados nos han llevado hasta la situación actual.

La economía porque es la que, para bien o para mal, rige las grandes decisiones en nuestro mundo. Por tanto, un conocimiento de las reglas económicas permite al ciudadano comprender el porqué de cosas que desde otra perspectiva pueden parecer incongruentes.

La filosofía porque nos trasmite el conocimiento sobre las corrientes pensadoras que no es otra cosa sino el reflejo de la evolución de la sociedad lo que permitirá al ciudadano entender no solo como pensaban nuestros antepasados sino también como piensan el resto de ciudadanos que, en otros entornos sociales expuestos a condiciones de contorno distintas, pueden tener una visión totalmente diferente de la que tenemos cada uno en base a lo que nos rodea.

Finalmente los valores, sin entrar a discutir las definiciones de qué está bien y qué está mal, nos ayudan a poner en valor aquello que nos rodea y que realmente es importante para nuestro día a día con el objetivo de mejorar la calidad de vida.

La decisión de apostar por la formación de los ciudadanos es siempre ardua para un político. Un ciudadano con conocimientos siempre resulta más difícil de manipular. Es decir, cuando quiera que sea necesario tomar una decisión en base a determinados criterios, esta no tiene siempre porqué ser la mejor para todos y cada uno de los ciudadanos. Estos, si disponen del conocimiento necesario, tendrán criterio para cuestionar la decisión de los gobernantes y condicionar con su voz la misma.

Si el ciudadano no tiene elementos en los que basar su criterio será mucho más fácil de convencer a través de los medios de comunicación y probablemente tomará sus decisiones en base a criterios subjetivos y afinidades políticas muchas veces sustentadas en tradiciones.

Podríamos concluir entonces que la evolución natural debería ser hacia un sistema educativo cada vez más pobre en materias generalistas que contribuyan a formar las bases del criterio de los ciudadanos en beneficio de materias técnicas que estén directamente relacionadas con los futuros puestos de trabajo.

Sin embargo, algunas corrientes afirman que resulta mucho más conveniente la "formación guiada", es decir, la inclusión en el sistema educativo de una visión ligeramente sesgada de forma que se pueda convertir la educación en un medio para influir en los ciudadanos.

Hoy en día, sin embargo, la disponibilidad de múltiples fuentes de información para cualquier ciudadano a través de internet y las redes sociales ha contribuido a fomentar la libertad de pensamiento en la sociedad.

En cualquier caso, la conclusión de estas líneas es que cuanto más formados estén los ciudadanos mayor será su capacidad para tomar decisiones – aunque esto no suponga que tomen en cada momento las más correctas -.

Finalmente, más allá de la influencia de los sistemas educativos, el gusto por la búsqueda del conocimiento debe buscarse en la familia y el entorno social cercano.

Solo de esta manera se conseguirá un pueblo que, con voz propia, pueda controlar y dirigir a sus gobernantes para que estos tomen decisiones acertadas y orientadas a mejorar la productividad solamente como elemento necesario para mejorar la calidad de vida.

La Productividad en el Sector Público

Tradicionalmente productividad y sector público han sido dos conceptos reñidos entre sí. Por una razón o por otra se asumía que la productividad pública debía ser menor que la del sector privado.

En el sector privado es el mercado el que, con sus continuas exigencias, fruto de la competencia, fuerza a las empresas a estar en un proceso continuo de mejora de la competitividad.

Este proceso se traduce en la búsqueda de nuevas herramientas y nuevas formas de hacer las cosas en un intento por reinventarse para mantener el liderazgo en el mercado y adelantarse a los competidores.

Es más, este proceso de búsqueda continua trae consigo cierta tensión interna que se transmite a los empleados quienes, en mayor o menor medida, son conscientes de la necesidad de mejora y del impacto que no ser productivo tiene sobre la empresa y, por ende, sobre ellos mismos, en el corto y medio plazo. La necesidad hace además que aquellos que no encajen con el nivel de exigencia, con la cultura o simplemente con sus compañeros acaben abandonando la empresa o sean despedidos.

Sin ser llevado al extremo este sentimiento de exigencia suele ser bueno para mejorar la productividad y a la vez fomenta el desarrollo de la carrera profesional de los empleados.

Es importante remarcar las primeras palabras del párrafo anterior puesto que si bien el nivel de exigencia pudiera llevarse al límite para mejorar la eficiencia, cuando esto ocurre se traslada un nivel de presión excesivo sobre los empleados que acaban buscando nuevas oportunidades o, simplemente, no pueden hacer frente a la exigencia apareciendo efectos colaterales que perjudican al individuo y que, paradójicamente, empeoran la productividad produciendo el peor de los resultados. Recordemos aquello en lo que insistimos desde el principio de este ensayo; el equilibrio entre las expectativas de la empresa y del individuo es la base para maximizar la productividad.

En el sector público sin embargo la competencia no existe en la mayoría de los casos. Mucho menos la necesidad de ser competitivos.

Resulta interesante comprobar que mientras en la empresa privada los accionistas exigen una rentabilidad y por tanto un nivel de éxito a la dirección de la empresa, en el caso del sector público no hay accionistas que pueda exigir. Es más, en todo caso, el nivel de exigencia vendrá impuesto por los políticos cuyas prioridades e intereses no tienen que estar necesariamente alineados con la mejora de la productividad.

La primera pregunta importante que debemos hacernos es si realmente es necesario buscar la mejora de la productividad en el sector público. De hecho, podríamos pensar que puesto que no tenemos que rendir cuentas ante ningún accionista podríamos desvincularnos de la productividad. Después de todo esto permitiría exigir menos a los trabajadores mejorando su calidad de vida al no verse obligados a ofrecer un alto rendimiento. Es más, el número de personas dedicadas a cada función podría ser mayor que en la empresa privada con objeto de mejorar los niveles de empleo.

Para responder a esta reflexión es fundamental comprender que la función pública no es gratuita sino que tiene un coste que pagamos todos los ciudadanos con nuestros impuestos. El capital disponible para hacer frente a los gastos públicos no es infinito. En consecuencia, si merma la productividad del sector público aumentan los costes para ofrecer los servicios que necesitan los ciudadanos. Puesto que el presupuesto disponible está limitado por los ingresos, menor productividad acaba traduciéndose en menos servicios.

Entendámoslo con un ejemplo. Si en un centro de atención al ciudadano se atiende a un usuario cada media hora y acuden 160 personas al día, son necesarios 10 funcionarios públicos para proveer el servicio. Sin embargo, si estos funcionarios no disponen de los conocimientos y herramientas necesarios para su trabajo o simplemente son negligentes y tardan en consecuencia cuarenta y cinco minutos en atender a un ciudadano en lugar de los treinta minutos iniciales, la consecuencia inmediata es que necesitaremos 5 personas más para poder realizar el trabajo. Esto supone un 50% más de coste del servicio, coste que debemos afrontar con el presupuesto que proviene de los impuestos de los propios ciudadanos.

A raíz de lo anteriormente expuesto podemos concluir que la productividad del sector público es mucho más importante que la productividad del sector privado puesto que maximizar la eficiencia en la función pública permite optimizar el uso que se hace de los recursos existentes y por tanto ofrecer los mejores servicios públicos posibles. Por tanto, asumir una función pública debe ir unido a la asunción de la responsabilidad que ello conlleva y del sentimiento de obligación para con el resto de ciudadanos.

Alcanzado el consenso respecto a la necesidad de optimizar la productividad pública, ¿qué debemos hacer para conseguirla?

Cinco son los elementos clave necesarios para alcanzar la máxima eficiencia en el sector público.

El primero de ellos es la independencia política. Las grandes directrices de actuación en el sector público vienen dadas por criterios políticos pues los gobiernos se deben a los ciudadanos y, en concreto, a sus programas y promesas electorales en base a los cuales han sido elegidos. Estos determinarán las áreas de inversión y foco en cada legislatura. Sin embargo, una vez establecidas estas, deben ser los funcionarios públicos de carrera quienes, en ejercicio de su trabajo, ejecuten óptimamente las acciones necesarias para llevar a buen puerto las iniciativas puestas en marcha.

Esta independencia significa que más allá de los ministros y secretarios de Estado no deberían existir puestos políticos en el entorno público.

Un director general no actuará igualmente siendo un funcionario de carrera cuyas expectativas pasan por continuar y terminar su carrera profesional en un cargo público que siendo un político con un horizonte limitado por la duración de la legislatura.

Por otro lado, se evita que los intereses particulares de los partidos políticos y sus miembros, que no siempre son transparentes al gobierno, acaben imponiéndose en detrimento de los derechos de los ciudadanos.

Intentemos verlo con un ejemplo. Entre los compromisos electorales de un determinado gobierno se encuentra, por ejemplo, la mejora del suministro de agua en varios pueblos mediante la construcción de una presa. Para ello se dispone de un presupuesto y se encarga al organismo público correspondiente la realización de los estudios pertinentes y la posterior ejecución de la obra. Si tomamos como ejemplo algo tan simple como la planificación, un empleado público debería tener por objetivo terminar la obra en el menor tiempo posible para que los ciudadanos puedan beneficiarse de ella. Al mismo tiempo buscará optimizar el retorno de la inversión controlando que los recursos invertidos sean los mínimos necesarios para poder desarrollar correctamente la obra.

Si los máximos responsables del proyecto tuvieran un perfil político podrías ser posible que o tuvieran otro tipo de criterios a la hora de ejecutar la obra; por ejemplo, que la entrada en funcionamiento coincidiera con el siguiente periodo electoral aunque eso pudiera suponer un incremento de costes o, simplemente, una entrega tardía con el consiguiente retraso en la disponibilidad del nuevo servicio para los ciudadanos.

El segundo elemento clave es la transparencia. Resulta imprescindible la existencia de métodos de control que garanticen el acceso a cualquier ciudadano que así lo solicite a la información relativa a la gestión. La falta de transparencia favorece las corruptelas y hace que resulte mucho más difícil detectarlas. Uno de los grandes problemas a los que se enfrenta la justicia es la obtención de la información necesaria para la instrucción de un caso. En muchas ocasiones, pasado el tiempo desde que un suceso ocurrió, no se guardan registros y resulta prácticamente imposible reconstruir los hechos haciendo que sea mucho más complicado demostrar la culpabilidad de aquellos que han infringido la ley. La existencia de procesos de control permite que toda la información esté disponible haciendo la detección de las irregularidades mucho más fácil.

La obligatoriedad de proporcionar dicha información desempeña además una función preventiva pues dificulta las actividades delictivas ante la potencial monitorización por parte de los votantes.

Por último, la transparencia proporciona una herramienta de control a los gobernantes tremendamente poderosa pues permite a los ciudadanos, si así lo desean, obtener una visión completa de cómo y en qué se utilizan los recursos públicos, que son de todos los ciudadanos, lo que contribuye a una visión mucho más objetiva de los políticos y gobernantes.

El tercer elemento clave de los cinco que mencionábamos inicialmente es la conciencia colectiva. Resulta sorprendentemente común la falta de compromiso de los ciudadanos con lo público en base al desconocimiento detallado de la relación entre los impuestos que cada ciudadano paga y el uso que los gobiernos hacen de ello y a la extendida creencia de que las grandes decisiones políticas quedan lejos del poder de acción del individuo de a pié. Es imprescindible adquirir la conciencia de que lo público es la suma de todos; si bien efectivamente la acción individual no resulta relevante, si lo es la suma de todos.

Así mismo, la conciencia de formar parte de un todo público debe servir para que aquellos ciudadanos más directamente relacionados con el servicio a la sociedad adquieran pleno compromiso con su trabajo en base al conocimiento del impacto que sus acciones tienen sobre el conjunto de la sociedad.

En este apartado es indudable la necesidad de combinar la educación desde la infancia con el reconocimiento por parte de las instituciones de la relevancia de lo público. Dicha combinación debería promover una conciencia colectiva de responsabilidad para con los demás a través de los entes públicos.

El cuarto y penúltimo elemento clave debe ser la formación y la disposición de medios para realizar la labor pública. Es necesario garantizar que se destinan de forma eficiente los recursos necesarios para que los funcionarios públicos dispongan de los medios adecuados para desarrollar su trabajo. Tener acceso al conocimiento y a las herramientas necesarias, es siempre el primer paso en el camino hacia la eficiencia.

En muchas ocasiones y no solo en el sector público, con el objeto de no invertir en determinados medios – por ejemplo nuevos sistemas informáticos o cursos de formación – y ahorrar una inversión inicial, se continúan haciendo las cosas de forma ineficiente. Indudablemente en todos estos casos resulta imprescindible hacer un análisis sobre el retorno de la inversión que se realiza. Idealmente, cuando realizamos una inversión de cualquier índole los beneficios que esta produce deberían permitir recuperar lo invertido en un plazo no superior a dos años. En el sector público, además, debemos considerar los beneficios intangibles de la inversión más allá de los puramente económicos.

Veamos un ejemplo. Si invertidos en un nuevo programa informático para que en un ministerio se puedan realizar determinadas tareas de forma más eficiente, podemos medir la mejora obtenida. Por ejemplo, ¿cuál es la reducción del tiempo necesario para que un funcionario realice esa tarea?. De esta manera podemos cuantificar cuanto estamos ahorrando por realizar esta inversión. Pero además debemos ser capaces de poner en la ecuación los beneficios intangibles. Por ejemplo, reducción del tiempo que tarda un ciudadano en ser respondido ante determinada solicitud, tareas adicionales que ese funcionario puede hacer ahora al tardar menos en realizar las labores que realizaba antes, etc.

En ocasiones ocurre lo mismo en el sector privado en el que se cuestionan las inversiones solamente por su envergadura sin analizar el retorno de la inversión. Sin embargo, la competencia suele hacer evidente la falta de competitividad forzando la necesidad de un cambio de la mano de la inversión en innovación. En el sector público, por el contrario, no existen tales competidores y por tanto no siempre tendremos un elemento que evidencie la necesidad de inversión. De ahí que sean imprescindibles los análisis comparativos de mercado como base para sólidos y fundamentados planes de inversión. Estos deberían permitir la toma de decisiones de forma objetiva. Decisiones motivadas por razones propias de la actividad y lejos de otras de índole puramente política.

El último elemento clave de nuestra lista es la necesidad de una política de incentivos. Esta se caracteriza por una clara definición de objetivos y de la forma en que estos son medidos. Los objetivos deben ser uniformes en el sentido de llevar a todos los trabajadores el mismo nivel de exigencia. Deben suponer un reto pero a la vez ser alcanzables. Finalmente, la consecución de los mismos debe traer consigo una retribución adicional para el empleado. De igual forma, la política de incentivos debe penalizar a aquellos cuyo nivel de desempeño sea inferior al mínimo esperado. Para lo que es necesario tener definidos claramente estos niveles.

Resulta bastante común que los perfiles seleccionados para la función pública sean de los más cualificados en sus áreas de trabajo puesto que, en el ánimo de promover la igualdad, se establecen procesos de selección objetivos y por ende exigentes. Sin embargo, en muchos casos, al no existir sistemas de control de cumplimiento del nivel de desempeño ni política de incentivos asociada a la misma se termina fomentando la ley del mínimo esfuerzo al tener garantizado el puesto de trabajo.

La conjunción de estos cinco elementos trae consigo la excelencia en la productividad en el sector público, algo que, como venimos diciendo, resulta imprescindible para sacar el máximo partido, en beneficio de los ciudadanos, de los recursos disponibles fruto de la contribución de todos los individuos miembros de la comunidad.

El Corto Plazo vs el Medio y el Largo Plazo

Hemos hablado de ello en alguna ocasión a lo largo de este ensayo. Maximizar la productividad normalmente exige, no solo inversiones sino también tiempo. Y en muchas ocasiones no se dispone de éste puesto que la presión competitiva del entorno acaba trayendo consigo la exigencia de resultados inminentes.

Un ejemplo claro son las empresas cotizadas en bolsa. Estas normalmente tienen la obligación de mostrar sus resultados cada tres meses. La información presentada tiene un impacto directo sobre la cotización de la acción que puede sufrir grandes variaciones, algo que se acaba traduciendo en presión sobre la junta directiva. En consecuencia, si bien algunas decisiones pueden ser necesarias para maximizar la competitividad en el medio plazo, el impacto que tendrían en el corto plazo hace que no se tomen.

Un ejemplo sencillo. Para realmente tener una ventaja competitiva debemos asumir el riesgo de adquirir una nueva tecnología que nos permita desarrollar productos más competitivos. Sin embargo, esta adquisición supone un desembolso importante para la empresa que, para hacerlo, necesita endeudarse considerablemente. Con el objeto de no aumentar sus ratios de deuda, la empresa termina haciendo inversiones parciales que pasados unos años suman una cantidad superior a la que hubiera sido necesaria si se hubiera hecho de una sola vez. Además, la máxima competitividad no se alcanza hasta que se termina el proceso con lo que se retrasa algunos años el momento en el que disponemos de esta ventaja competitiva arriesgándonos además a que otros competidores nos alcancen.

Si damos por supuesto que tuviéramos la capacidad de endeudamiento, ¿Por qué no hacerlo entonces? Simplemente porque al aumentar los ratios de endeudamiento los analistas de mercado, comparándonos con otras compañías, dirían que nuestra posición financiera es más arriesgada con el consiguiente impacto en el corto plazo.

Lo mismo ocurre en el entorno público. Las decisiones son tomadas según criterios políticos regidos por los plazos electorales que no necesariamente han de coincidir con los plazos óptimos para su ejecución.

Un entorno particular que podemos considerar una excepción a la regla es China. La particular cultura de este país hace que la percepción del tiempo sea distinta y se tomen decisiones con una visión global y no acotada a un corto espacio temporal. No resulta fácil comprender qué hay detrás de esta distinta forma de ver las cosas. Indudablemente, el hecho de estar gobernados por un sistema político en un entorno económico ajeno a la competitividad inherente al sistema capitalista, facilita la independencia de presiones externas que busquen los resultados inminentes.

El sistema capitalista, por el contrario, aboga por la búsqueda de la rentabilidad inmediata. Después de todo el tiempo pasa en la vida y cuanto antes consigamos beneficios, antes podremos disfrutarlos mejorando nuestra calidad de vida. Este razonamiento puede resultar perverso puesto que perjudica la visión global de cualquier asunto.

Y esto no quiere decir que sea malo pensar en el corto plazo. Después de todo de nada sirve hacer un gran plan que traiga riqueza y mejore la calidad de vida dentro de 20 años si durante los próximos 5 la población va a sufrir porque no se atajan las necesidades inmediatas y requiere grandes sacrificios.

Lo que realmente puede resultar perverso es que el ansia por conseguir resultados evite que lleguemos a hacer un análisis global que nos permita tomar las mejores decisiones.

Idealmente, cualquier decisión debería formar parte de un plan estratégico a medio plazo que nos permitiera alcanzar el equilibrio entre éxitos rápidos que permitan satisfacer algunas de las necesidades más inminentes del corto plazo y objetivos más ambiciosos en un plazo mayor.

Esto nos lleva al debate sobre los planes estratégicos. A lo largo del tiempo son muchos los casos en que, haciendo uso de las buenas prácticas, se establece un plan, típicamente a 3 años, para cualquier negocio o empresa. Sin embargo, son tales las incertidumbres del mercado que probablemente nuestro plan acabe siendo inservible pasados unos meses.

¿Qué hacer pues?

Por supuesto no debemos desestimar la elaboración de un plan. No obstante, no debemos gastar excesivos recursos en él a sabiendas de que posiblemente cambiará con el paso del tiempo.

Además, nuestro plan deber ser flexible en el sentido de que debe estar preparado para gestionar el cambio. Se trata más bien de una metodología consistente en tener una forma de trabajo ordenada que nos permita gestionar nuestro entorno – clientes, proveedores, recursos… - permitiéndonos tener en cada momento la información necesaria para tomar decisiones con la flexibilidad necesaria.

Conclusiones.

Llegado este punto, y echando lo vista atrás a todo lo que se ha expuesto en las páginas anteriores, nos damos cuenta de la complejidad que se encierra en el término competitividad. Paradójicamente, este término se usa con demasiada frivolidad sin saber en muchos casos de lo que se está hablando.

La competitividad es, por tanto, un concepto complejo y no se puede evaluar únicamente en base a algunos de sus elementos como comúnmente se hace al hablar de reformas en el mercado laboral, por ejemplo.

La competitividad debe ser, además un medio para alcanzar una mejora en la calidad de vida. Está demostrado que la competencia favorece el esfuerzo y la superación, aptitudes que facilitan la evolución de la sociedad. Sin embargo, no debemos olvidar que la competitividad no debe convertirse en un objetivo en sí misma. Si olvidamos el objetivo último podemos acabar buscando una mejora de la productividad a costa de la sociedad y la calidad de vida.

Quizás la principal conclusión de este ensayo sea que la educación es el elemento más importante de todos aquellos que juegan un papel relevante en la determinación de la competitividad; entendiendo por educación tanto la puramente formativa como aquella más orientada a valores. Sin embargo, el impacto de la educación se mide en el largo plazo y es por ello que en muchos casos las administraciones no le prestan la atención necesaria puesto que el foco se pone en aquellas áreas que, en el corto plazo, acaban repercutiendo en el número de votos en las siguientes elecciones.

Finalmente, la buena voluntad no es suficiente para asegurarnos de la correcta implantación de las medidas necesarias para mejorar la productividad puesto que, antes o después, aparecen las incompatibilidades con intereses personales. Es por ello que resulta imprescindible la aplicación de métodos de control.

Llegado este punto confío en haber alcanzado el objetivo primigenio de este ensayo haciendo un repaso exhaustivo a los elementos más importantes que afectan a la productividad. Espero, además que, aun siendo un ensayo que, por tanto, refleja la opinión del autor, sirva para transmitir una visión completa que permita al lector entender la importancia de la productividad y su impacto en la vida cotidiana. A partir de ahí, cualquiera podrá construir su propia opinión.

Referencias

Datos OCDE: "gasto sanitario sobre GDP" Enero 2019

Informe: "Sostenibilidad del Sistema Sanitario" Sedisa Siglo XXI.

Informe: "301 Special Report 2020". Executive Office of the President of the United States

Informe: "Sistema Educativo de Finlandia". Dirección Nacional Finlandesa de Educación.

Informe-Ponencia: "Corrupción y Cultura". Profesor Guillermo León Escobar Herrán. 1997.

Informe: "Hábitos de Lectura y Compra de Libros en España 2019" Conecta RC 2019 para el Ministerio de Educación del Gobierno de España.

Informe: "Organized crime: revenues, economic, and social costs, and criminal assets available for seizure" Richard Dubourg & Stephen Prichard. UK Home Office 2020.

Informe: "Digital Music Report 2020" IFPI: representing the recording industry worldwide

Informe: "Panorama de la Educación. Indicadores de la OCDE 2020. Informe Español". Secretaría de Estado de Educación y Formación Profesional. Ministerio de Educación.

Informe: "EL comportamiento innovador como fuente del cambio: ej ejemplo en las empresas de servicios". Diego Vallarino Navarro, 2007.

Informe: "Justicia y Desarrollo Económico: cómo abordar un impacto negativo". Carlos G. Gregorio, Argentina 2004.

Informe: "La Armonización Internacional de las Estadísticas de Gasto Sanitario: Sistema de Cuentas de Salud de España". Secretaría General de Sanidad. Ministerio de Sanidad y Consumo de España 2005.

Informe: "La liberalización de sectores regulados" Pablo Arocena Garro y Fidel Castro Rodriguez. Boletín ICE Económico 2640. Enero 2000.

Datos Observatorio Económico BBVA

Informe: "Sanidad e Inocuidad para la competitividad" SAGARPA. Dirección de Planeación. Gobierno Federal de México. Agosto 2010.

Informe: "Spain 2020" AmCharmSpain's 25 recommendations for a more competitive, productive and international economy in Spain in the coming decade". Cámara de Comercio de EEUU en España. November 2010.

Informe: "The Global Competitiveness Report 2019". Klaus Schwa, World Economic Forum.

Informe: "2011 World Intellectual Property Indicators" WIPO Economics & Statistics Series

"The Blue Ocean Strategy". W. Chan Kim & Renée Mauborgne.

"The Oxford Handbook of Critical Management Studies" edited by Mats Alvesson, Todd Bridgman and Hugh Willmott, Oxford University Press 2009.

"A new product growth model for consumer durables". Frank Bass, 1969.

www.ingramcontent.com/pod-product-compliance
Lightning Source LLC
Chambersburg PA
CBHW051454170526
45166CB00001B/243